主编 刘俊平

南北长街纪事

学苑出版社

主　办：南北长街社区

执　行：北京国图书店有限责任公司

主　编：刘俊平

参加编写人员：张兆燕　　王正华　　张亚群　　张世华
　　　　　　　刘　军　　杨大昕　　郑超英

摄　影：沈　江　贾金江　张亚群　马伯雄　陈建军
　　　　杨　盼　刘俊平

序

南北长街位于故宫和中南海之间，是一条相互贯通而历史悠长的街道，南起长安街，北至北海前街，以故宫西华门前为界，以南为南长街，以北为北长街，全长约一千米余，红墙与绿荫交相掩映，别具皇城风韵。我对南长街留有深刻印象，不仅因为去往故宫或文津街国家图书馆古籍馆时常从这里经过，还源于多年前曾听家人说起过这里的往事。昔日我岳丈家曾居于南长街西大街数十年，院落的后门斜对着大宴乐胡同。今天西大街和大宴乐胡同皆已不存，现在南长街西南侧还保留有大宴乐胡同的路牌，每每见到时倍感亲切。

2016年欣闻刘俊平女史欲作南长街志，以厘正此街历史沿革、源流变迁。我想中国志书编纂历来以府郡州县之方志为主，而专于街巷志者甚少，如能成书，亦为盛事。及看到书稿，知变换了体例，志书改为纪闻，汇集了许多今人的考证与回忆文章，不仅叙述了诸多前朝遗闻，也记录了各界人士对于南、北长街的深情追忆，令人如回往昔岁月，如见旧日长街，别具沧桑韵味。书中有关于南北长街胡同地名的由来，有关于明清皇家营造司、宝钞司等各个机构的建置，有关于各个寺庙的来历和传说以及后来改作他用的变迁等等，娓娓道来，引人入胜。全书以"放眼长街风光无限""回望长街钩沉辑佚""轻扫长街一地旧梦""闲话长街柴米油盐"分成四个章节，纵横古今，上下贯通，内容丰富，引用文献翔实，是难得的珍贵资料。

说起北京的地名，大多有着悠久的历史源流，南、北长街的地名更是与明清皇宫有着密不可分的关系。一个地名的由来，能牵出许多有趣的故事。如我岳丈家居住的南长街大宴乐胡同，为什么叫这个名字？原来清代此地为宫廷烧造草纸，宝钞司有七十二作坊，故有七十二烟筒之名，后来据大烟筒的谐音，改为大宴乐胡同。这是文稿中写到的故事。经查《（乾隆十五年）京师全图》，看到图上确实标注有"七十二烟筒"。1919年的《京都市政汇览》标注有"大烟筒胡同——大宴乐胡同"改名的对照，1934年出版的陈宗蕃著《燕都丛考》也记录了"大烟筒胡同，今改为大宴乐胡同"。岳丈家自民国时期起居住于此，直至20世纪70年代初中南海边修地铁而拆迁搬离。民国时期这附近曾有许多名人的宅第，解放后则有不少高墙大院门户紧闭。

再说南长街之名，文献记载原来南、北长街和南、北池子一度可以互称。清人朱一新、缪荃孙撰《京师坊巷志稿》载："东华门外南长街，俗称南池子，井二。内务府所属外养狗处在西，旧有管辖番役署，后移西华门外北长街。案：鹰房狗房旧俱在东华门内。"可见所说的南长街也称南池子，指的是东华门外现今的南池子。清张之洞《（光绪）顺天府志》中说："西华门外北长街，亦称北池子，井二，西北有三座门，明之乾明门也。迤西为承光殿，又西为金鳌玉蝀桥，详《苑囿》。昭显庙、祀雷神，详《祠祀》……"这样看来，东华门和西华门外南北的街道，那时候都曾称为南北长街和南北池

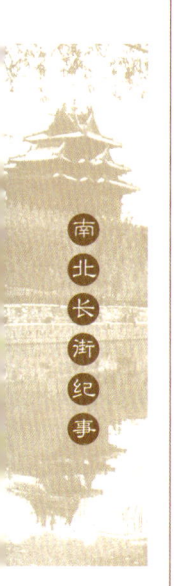

子，后来把西华门外叫南、北长街，东华门外称南、北池子，才比较明确地区分开来。

其实南、北长街在明清时代只有北长街部分，自西华门往南没有贯通，当时是没有大路可走的，南长街只是很短的一段。这一点从侯仁之先生主编的《北京历史地图集》中所绘制的明万历时期、天启崇祯时期的两张"明皇城图"，以及清代乾隆十五年（1750年）绘制的《京师全图》中可以很清楚地看到：自明永乐时期建立北京城后已经有北长街之设，往南过西华门之南长街，不过二百米远，就被明代的灵台、宝钞司所堵住，无大路可通；到了清代，由于在西华门外往南设立镶蓝旗满洲栅栏，南长街比以前更短了一些，乾隆时期的《京师全图》中，西华门外关防衙门（今天的西华书房）往西，就是煤炭库和钱库，中间只有很窄的一条路，往南不过几十米就已经是镶蓝旗满洲栅栏了，根本无路可通。直至民国初年内务部总长朱启钤主持皇城改造，往南的道路逐渐开通，民国七年（1918年）打开了南长街拱券门，南长街才真正南北贯通。

侯仁之先生主编的《北京历史地图集》，所据是《京师五城坊巷衕衚集》等明清人的文献史料以及实地考察，可信度较高。乾隆时期的《京师全图》也是非常详细地记录了当时北京城的街巷胡同分布。参考这些历史舆图与文献记录，可以印证本书文稿中记述的一些传闻。比如《南长街至织女桥原貌》一文中说"走过带廊的房子就是织女桥东河沿胡同的南出口，老人们称这里为南花园"。此处所说的南花园，在乾隆《京师全图》中明确标记有"南花园门"，位于镶蓝旗满洲栅栏门东边。《京师坊巷志稿》云："南花园在西华门迤南东向，明时曰灰池，种植瓜蔬，于炕洞内烘养新菜，以备春盘茑生之用。立春日进生萝卜，名曰咬春。本朝改为南花园，园杂植花树,凡江宁、苏松、杭州织造所进盆景,皆付灌植。秋时收养蟋蟀,至灯夜则置之鳌山灯内,乐罢忽闻蛩声自鳌山出。其余杂花奇树,不可名言,按时昇送各宫殿安放。"织女桥与南花园早已荡然无存,但作者所述传说中的南花园是确实曾存在的,《宸垣识略》中说后"改南府,为梨园子弟所局"。传闻经过考证,往往可以明了真伪和来历。如果我们把自明代以来各时期南、北长街地区的历史舆图叠加在一起,就可以看出这条街道几百年间的历史演变与巨大变迁,那将是一个有意思的历史动画,我们可以从图像的视角还原出历史的痕迹。

清末朱一新《京师坊巷志稿》等书中提到南长街有"井二",是说当时这条街上有两口井。井在民国时期自来水传入我国之前可是居民重要的饮水来源。比如北京的地名有"大甜水井",说明那井水是甜的,十分稀少,所以用"甜水"命名。在自家院子里打井,是件重要的事,没有井的居民,要买水车里的水吃。记得岳父家就留有民国时期"预付东花市打井队打井银十五两"的票据,上面有民国的印花税票。如果把这些票据搜集起来,系统整理,也是很有参考价值的,至少可以说明清代只有两口井的南长街,进入民国以后随着居民的增加,井的数量也在逐渐增加。

南北长街的史料还有很多,如果是做区域专志,需要严格按照体例编辑,广泛搜集史料,进而详述各个时期区域建置、文化设施、机构设置、区域特色、街道胡同乃至居民人口、名人私第等社会历史情况。以纪闻的形式来记述,相对比较灵活,不受体例限制,内容涵盖丰富,读来更加生动。本书既有对史料的辑佚钩沉,也有对昔日名人故事的追忆。故书中提到的名人故居的门牌号码皆为旧时老号码。本书不仅涉及南北长街的古物风貌、历史典故、人文趣事,还展现了南北长街的历史沿革、交通变迁、人口经济、社会趣闻等方面。作者们旁征博引，举凡正史、方志、舆图、档案、笔记等史料以及诗文等文学作品都有查考；在考证的基础上以清新的笔触描绘出街巷的历史风貌。一些曾经生活于此的老街坊们所写的回忆，再现了他们自幼生活于此的许多往事，令人感动。亲历者所叙述的故事，有的还附有历史图片和现代照片，仿佛再现了这条街道各时代人们的生活画卷。

南、北长街的变迁已经跨越数百年，历史和传说还会延续。本书汇集的文字和图像资料，是我们时代的一段记忆，弥足珍贵，愿其作为南北长街的历史文献永远流传后世。街巷文献的整理和研究，乃至街巷志的编纂，都是地方文献建设中重要的组成部分，我们也期望有越来越多的北京民众，拿起笔来，写下亲历故事，记录历史点滴，为城市增添一份记忆，为历史保存一份不该遗漏的信息。

首都图书馆北京地方文献中心　马文大

二〇一八年秋写于听蕉馆

目 录

第一章　放眼长街风光无限 /1

南长街拱门——皇城开了个豁口子 /3

织女桥——紫禁城的牛郎织女 /6

玉钵庵——一代国宝腌咸菜 /9

中山公园——从社稷坛到公共园林 /12

故宫——红墙黄瓦万重门 /16

西华门——独享瞩目的故宫西门 /21

筒子河——风光旖旎护城河 /24

西华书房——书香飘逸 别有洞天 /27

静默寺——皇城禁地一寺院 /30

福佑寺——康熙的避痘"圣地" /33

昭显庙——昔日供雷神 今天小学校 /37

万寿兴隆寺——退休太监养老地 /41

北长街——老舍笔墨之地 /46

第二章　回望长街钩沉辑佚 /49

南北长街——紫禁城后勤服务区 /51

御用监——御前用度 一应俱全 /55

银作局——堆金叠玉为王孙 /58

会计司——皇室贴身小管家 /61

宝钞司——这"宝钞"不是那宝钞 /64

都虞司——东北贡品滚滚来 /67

营造司——红罗炭暖紫禁城 /69

庆丰司——牛羊成群奶酪鲜 /71

升平署——粉墨登场侍皇室 /74

第三章　轻扫长街一地旧梦 /79

南北长街的开拓者——朱启钤 /81

南长街54号——梁启超的北京行营 /86

北长街89号——柳亚子点点滴滴 /90

北长街44号——李大钊和女一中 /95

北长街56号——张奚若和他的朋友们 /98

至暗时刻——王冷斋的七七不眠之夜 /103

北长街女一中——惊鸿一瞥石评梅 /108

南长街 28 号——林海音的静好岁月 /111

西角楼下——刘炳森的笔墨春秋 /115

北长街 90 号——吴小彦同学的微笑 /119

第四章　闲话长街柴米油盐 /123

我与南长街 /125

记忆中的往事 /137

家住福佑寺 /152

筒子河边的快乐生活 /165

织女桥东河沿忆旧 /170

母校 /183

那时北长街 /191

南长街至织女桥原貌 /196

红墙边上岁月峥嵘 /210

北长街 56 号院 /214

5 路车来了 /223

第一章
放眼长街风光无限

夕阳西下，随着一抹淡淡的阳光，从长安街入南拱门。款款北行于幽深的南北长街，看中南海青砖黛瓦，中山公园绿荫红墙，西华门游人如织，筒子河碧水荡漾，昭显庙风华犹在，福佑寺金碧辉煌……漫游长街，触摸那些厚重的历史景观，神交古人，感慨万千。

世界上很少有哪条街道如南北长街一般，在短短千米之余，汇聚了如此多的名胜古迹，拥中国最高政治权力中心数百年。春去秋来，白云苍狗，中南海的每一处碧波都映照着风起云涌，紫禁城的每一块青砖都铭刻着时代巨变。而长街，就静卧其间，从容面对天翻地覆，沧海桑田。

南长街拱门——皇城开了个豁口子

南北长街最南端入口处，是一座红墙黄瓦的三洞拱门，拱门上方从右往左镌刻着端庄饱满的三个楷书大字——南长街。

三个门洞，中间的大门洞供车辆穿行，两旁的小门洞供路人行走。巍峨的拱门和两边的红色高墙与周围的皇宫建筑融为一体，呈现出中国传统宫廷建筑的独特魅力。

其实这座拱门是南北长街的"新建筑"。民国以前，此地是一堵皇城城墙，并不通行。清朝《道咸以来朝野杂记》记载："西华门外昔年只有北街，

游人从南长街走向拱门

旧时南长街拱门

今日南长街拱门

曰北长街，达金鳌玉蝀桥之东端，南无直达之途，除仅南府乐部和各项杂役人等居住于此，无门可出。"

民国初期，时任交通总长的朱启钤改建正阳门，打通东西长安街，开放南北长街和南北池子。为了打通皇城的南北线，朱启钤在太庙和社稷坛两旁的墙上开了两个豁口，形成了今天的南池子、北池子和南长街、北长街。封闭了几百年的皇城终于敞开，平民百姓可以自由穿行了。

1918年，一座高大的拱门在南长街南口建成，这就是我们今天看到的南长街拱门——优美流畅的弧线，简单精致的造型，雄浑厚重的色彩。拱门与紧邻的社稷坛建筑珠联璧合，将皇城特有的庄严典雅发挥到了极致，以至于很多不了解皇城改造历史的人会以为这是老皇城的整体设计。

当时的民国总统袁世凯为了表示对朱启钤改造皇城的支持，特制一把银镐，上刻"内务部朱总长启钤奉大总统命令修改正阳门，朱总长爰于一千九百十五年六月十六日用此器拆去旧城第一砖，俾交通永便"。朱启钤于前门改建开工典礼日用此镐拆去旧城第一砖。他一直珍藏着这把银镐，去世后由其后人赠给清华大学建筑学院。

百年来，南长街拱门以庄重热烈的氛围迎接着无数来自五湖四海、天南地北的宾客，无论春夏秋冬，寒来暑往。

织女桥——紫禁城的牛郎织女

不得不说,中国的民间故事影响甚广,连气势恢弘的紫禁城,都染上了一丝牛郎织女凄美浪漫的色彩。

明成祖朱棣修建紫禁城时,在皇宫内外修整了金水河,建了金水桥,并在外金水河两端分别修建了牛郎、织女桥。织女桥建在天安门西侧的金水河上,位于中南海东墙外南长街南口拱门内;牛郎桥也叫御河桥,建在天安门东边南池子大街南口拱门内。织女桥与牛郎桥相距约一公里,中间的外金水桥就成了朱棣心目中的"鹊桥"。

"七夕今宵看碧霄,牵牛织女渡河桥。家家乞巧望秋月,穿尽红丝几万条。"每逢七夕,当千家万户为牛郎织女献上祝福时,皇家也会在金水河畔的"鹊桥"与民同乐。据传在七夕之夜,朱棣和后妃们在金水桥旁观星放灯游乐,众多彩灯连成一串彩虹,期待牛郎、织女踏着彩虹前来相会。

朝廷多情,只是顾得了天上顾不得人间。牛郎桥和织女桥仅隔一公里,但在帝制时期,住在两桥附近的居民来往走动是很困难的。人间没有天河,却有"天街"——天安门前的皇城要地"御街",

旧时天安门前的外金水河

今日织女桥东河沿

别说老百姓,就是朝廷官员,没有特别许可也不准穿行。牛郎织女相会要等到每年七月初七;住在皇城这端的情郎去看那端的妹妹,则必须绕过庞大的城墙,每次走上七八里。

民国初期对皇城的一系列改造,终于使"天街"变为通途,但牛郎织女两座小桥却命运坎坷。1951年北京市修柏油马路,金水河桥改暗沟时被埋入地下,织女桥后来被彻底拆除。20世纪60年代填平河沟时,牛郎桥也被拆埋入地下,上面修成马路。2002年,菖蒲河公园建成,重筑了牛郎桥。

今天的南长街南口有个半环形胡同,清代称东沟沿,1911年后改称织女桥东河沿。

玉钵庵——一代国宝腌咸菜

南长街西侧曾有玉钵胡同,在明朝是宦官衙门御用监的地盘,到清代改为道观,名真武庙。庙不大,但庙里有一大石钵,道士们不知来历,觉得这东西腌咸菜甚好,便用它做了腌菜坛子。

康熙五十年(1711年)重修真武庙时,发现石钵不是石头是玉制,赶紧倒出咸菜,清洗玉钵,在里面储水放入山石,并将真武庙改名玉钵庵,庵前的胡同也随之称为玉钵胡同。

然而人们还是不知玉钵的真实身份与来历。直至乾隆年间,有官员学者去庵里游玩,感觉玉钵非同凡物,反复考证后,发现它竟然是丢失数百年的元代广寒殿渎山大玉海。

渎山大玉海呈椭圆形,由整块墨玉雕刻而成。玉海长1.65米、宽0.63米、深达0.57米、重3吨半。在玉海外壁上,雕有栩栩如生的鱼龙、海马、海猪于海浪波涛中畅游,下配底座也雕刻

渎山大玉海

承光殿

放置渎山大玉海的玉瓮亭

了与玉钵一样的浪涛海兽，两者和谐一体，蔚为壮观。

大玉海是元世祖忽必烈大宴群臣犒赏将士的酒瓮，由数十名工匠花五年时间琢玉而成，盛酒三十石，尽可使豪饮的蒙古人一醉方休。忽必烈将它放置在琼华岛上广寒殿里的小玉殿内，也就是现在的北海白塔一带，与群臣宴饮。《日下尊闻录》记载："琼岛，元之渎山，即明之琼岛也。"故称"渎山大玉海"。

元朝覆灭后，渎山大玉海一直安然无恙地留在原处。万历年间，广寒殿年久失修倒塌，大玉海被移至御用监院内的真武庙。可怜一代雄浑玉雕，就此沦为腌菜坛子。

学者们迅速将此发现报告乾隆皇帝，皇帝大喜，"命以千金易之"，并将买回的玉海和新刻的汉白玉底座一起置于北海团城承光殿前，专门建了玉瓮亭摆放。但玉钵庵岂能没有玉钵？不占便宜的乾隆命人复制了一个玉钵送至庵里，放在没有拿走的原底座上。

见过无数奇珍异宝的乾隆皇帝对渎山大玉海青睐有加，特别作《玉瓮歌》镌刻在玉钵侧面，夸奖自己把做了腌菜坛子的尊贵玉瓮拯救回宫廷："玉有白章，随其形刻鱼兽出没于波涛之状，大可贮酒三十余石，盖金元旧物也。曾置万岁山广寒殿内，后在西华门外真武庙中，道人作菜瓮……命以千金易之，仍置承光殿中。"

20世纪六七十年代，真武庙变为民居，原来的玉海石座和乾隆赠送的石瓮被移到宣武门外法源寺内。目前法源寺放置的是清代仿制玉钵与元代原底座；团城内放置的是元代玉钵与清代底座。

作为我国现存最早的特大型玉雕，渎山大玉海不仅是中国划时代的艺术珍品，也是世界玉石发展史上罕见的杰作。渎山大玉海的玉料来自哪里一直是个疑问，近年经国内多名玉器考古收藏专家研究鉴定，渎山大玉海为河南南阳独山玉所制。

中山公园——从社稷坛到公共园林

坐落于南长街路东的中山公园，与故宫一墙之隔，原是明清两代皇帝祭祀社稷之处。

早在辽金时期，中山公园的所在叫"兴国寺"，元代改名为"万寿兴国寺"。明代修建紫禁城时，按照"左祖右社"制度，将此处改

旧时北京中山公园中山纪念堂

建为社稷坛，明清皇帝在这里祭祀社稷，也就是土地神和五谷神。每年春秋仲月上戊日清晨，皇帝都要大祭，如遇出征、班师、献俘等重要的事件，也要举行社稷大典。

社稷坛在中山公园的轴线中心，正方形三层高台以汉白玉砌成，自下而上逐层收缩，象征着"天圆地方"之说。坛上铺着由全国各地进贡来的五色土，分别象征金、木、水、火、土，是万物之本，也含"溥天之下，莫非王土"之意。社稷坛北的中山堂以前为拜殿，是皇帝祭祀时休息或遇风雨时行礼的地方。

随着清朝没落，社稷坛沦为太监饲养猪羊种植苜蓿的荒院，草

保卫和平石牌坊

旧时中山公园"公理战胜"牌坊

南长街上的中山公园西门

中山公园社稷坛

莽丛生，蛇鼠为患。1914年，在北洋政府内务总长朱启钤的主持下，社稷坛被辟为北京第一座现代意义上的公共园林——"中央公园"。当年双十节中央公园开张之日，北京城万人空巷，欢乐的百姓扶老携幼摩肩接踵，拥进昔日神秘的皇家坛庙园林。

中山公园开辟了面对长安街的正门，围绕社稷坛、拜殿和园中盘根错节、苍翠蓊郁的千年古柏，营建了水榭、松柏交翠亭、格言亭、唐花坞、来今雨轩，移建了习礼亭、兰亭八柱，公理战胜牌坊（现在的保卫和平石坊）以及青云片、青莲朵等宫苑名石。由于地理位置优越，中山公园不仅供百姓娱乐休闲，还有着特别的文化传播作用。水榭一年到头画展不断，来今雨轩更是名流云集，从民国大总统到梁启超、陈独秀、李大钊、王国维、鲁迅、钱玄同、郁达夫、徐志摩、泰戈尔，都曾在来今雨轩品茗聚会。

孙中山先生逝世后，灵柩停放在中央公园拜殿举行公祭。为纪念这位伟人，国民政府于1928年分别将拜殿、中央公园更名为中山堂、中山公园。1937年日本占领北平后，改成中央公园，1945年抗战胜利后恢复中山公园的名称，沿用至今。

故宫——红墙黄瓦万重门

从南北长街路口往东经过西华门大街,迎面是一座巍峨的宫门——西华门。它的身后,坐落着中国乃至世界上最宏伟的宫殿建筑群故宫——博物院,旧称紫禁城。

紫禁城出自明朝开国皇帝朱元璋的第四个儿子朱棣之手。朱棣11岁被封为燕王,21岁就藩北京,对北京有一份特殊的感情。从侄儿建文帝手里抢夺皇位成功后,在南京登基的永乐皇帝朱棣一来担忧被赶跑的蒙古人死灰复燃,二来不忘故地,决定迁都北京,以南京皇宫为蓝本,兴建北京宫城。

皇帝家的房子,盖起来自然格外奢华讲究。永乐四年也就是1406年,朱棣一声令下,全国十万工匠百万民夫投入浩大的北京皇宫修建工程中。先是备料,从全国各地开采名贵木材和石料运到北京——房山的汉白玉,苏州的金砖,临清的精砖石,东北的松木,西南的楠木……珍奇楠木多生长在四川、云贵等地的丛山峻岭里,冒险进山采木的百姓伤亡惨重,常常"入山一千,出山五百"。石料开采更加艰辛,就说保和殿后的丹陛石,从房山开采,数万名劳工在道路两旁每隔一里掘一口井,寒冬腊月时从井里汲水泼成冰道，用了28天的时间，才把丹陛石拖到宫里。

备料工作进行了11年后，北京皇宫于永乐十五年（1417年）正式动工，三年后新皇宫始成，明成祖下诏正式迁都北京入住新居。依照中国古代星象学说，位于中天的紫微垣是天帝住的地方，"天帝的儿子"皇帝在人间的居所便跟着称为紫禁城。

建成的紫禁城南北长961米，东西宽753米，四面围着高10米的城墙，城外有宽52米的护城河。四座城门，分别是正门即南面午门、北面神武门、东面东华门、西面西华门。

当年紫禁城（Morrison Hedda摄于1933—1946年间）

按照周礼中"前朝后市，左祖右社"的帝都营建原则，紫禁城南北取直、左右对称。现在故宫左前的劳动人民文化宫是皇帝祭祀祖宗的太庙；右前的中山公园是皇帝祭祀土神和谷神的社稷坛；外朝是君臣处理政事举行大典的场所；内廷是皇室家庭成员居住活动的区域。

外朝在前，太和殿、中和殿、保和殿从南向北依次排列，其中太和殿也就是民间传说的金銮殿，最为高大辉煌，皇帝登基、大婚、册封、出征等都在这里举行盛大仪式。典礼之前的皇帝需要歇脚，在太和殿后面修建了休息区中和殿；最北边的保和殿，在明朝时也举行小型典礼，到清朝成了皇帝宴请王公大臣和殿试的地方。

为了彰显皇室威严气派，三大殿在修建时采用了很多独特的工艺和手法，据说其中一个手法就是不种树木——不仅三大殿，从天安门起经端门、午门到太和门，这之间的一系列庭院一棵树木也没有。朝拜皇帝的大臣走在冰冷威严空旷的御道上，步步小心，待到

从景山看故宫

故宫一瞥

没有树的太和门广场

太和门,宽阔空旷的广场与巍峨大殿已经使大臣们精神压力达到顶点,进而五体投地于御前。试想如果绿树成荫花团锦簇,在皇宫如游园般轻松的大臣,如何能在陛下面前心甘情愿地彻底臣服。

内廷在后,是皇室家庭成员起居活动的地方,布局深邃紧凑。以皇帝、皇后居住的乾清宫、交泰宫、坤宁宫为中心,嫔妃住东西六宫,所谓三宫六院就是这么来的。此外内廷还有皇太后的慈宁宫、寿康宫、寿安宫,太上皇的宁寿宫以及花园、戏台、藏书楼等文化娱乐、宗教活动设施。

传说紫禁城有房间九千九百九十九间半,20世纪70年代初经专家核实,故宫还剩下大小院落90多座,房屋980座,大小房间8704间。进入21世纪,故宫博物院前任院长单霁翔给出的最新数字则是9371间。在这个庞大的皇宫里,住过明清两代24位皇帝。

辛亥革命后，逊帝溥仪被允许暂居后寝部分。1924年冯玉祥将溥仪逐出紫禁城，并于1925年10月10日宣布故宫博物院正式成立。昔日的百姓禁地变成向世人开放的博物馆，紫禁城从此才有了故宫之称。1949年后，故宫进行了大规模修缮整理，海量绝无仅有的国宝和古代艺术珍品，使故宫成为中国收藏文物最丰富的博物馆。

黄琉璃瓦顶、青白石底座，加以无所不用其极的雕刻、贴金、镂金、漆画、景泰蓝、玉石等工艺美术手段，造就了一个色彩绚丽、气势磅礴的故宫，空中俯瞰，好似一幅千门万户金碧辉煌的绘画长卷。岁岁年年，这座世界上规模最大的木结构宫殿群，以其无与伦比的魅力吸引着人们从世界各个角落过来，只为一睹它的风采。

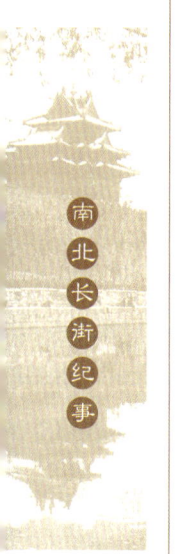

西华门——独享瞩目的故宫西门

1900年,八国联军打进北京。

著名作家老舍这样描述他父亲一生的最后时刻:身为旗兵护军的父亲带着生了锈的腰刀,去保卫紫禁城,守在地安门与洋兵交火。枪子打着了火药,瞬间爆炸。在北长街一个粮店里,父亲被老舍的表哥发现时已是气息奄奄。兵荒马乱枪炮横飞,死里逃生的表哥只带回了父亲的一双破袜,那时老舍不足两岁。

而惹出大乱子的慈禧太后,此时却带着光绪帝落荒而逃,将整个北京乃至国家的命运就这么交给了炮火和洋人。

目睹老佛爷和皇上狼狈出宫的,就是今天的故宫西门——位于南北长街路东的西华门。

西华门建于明朝永乐十八年(1420年),坐东朝西,红色城台,汉白玉须弥座。城台当中辟有三座券门,城台之上设有城楼,黄琉璃瓦重檐庑殿顶。西檐下悬挂的"西华门"匾额原来是满文、蒙古文、汉文三种文字,后来减为满文、汉文两种文字,辛亥革命后就只剩下了铜质汉字。

西华门内外掌故多。

1902年的北京西华门

西华门旁屏风楼

今日西华门

去过故宫的人都知道,紫禁城都是三合院与四合院,房间多空间小,加上外面的层层高墙通风不畅,住着未必舒服,到了夏天更是闷热非常,所以明清皇帝多喜欢兴建各种行宫。明清帝后游幸西苑和其他西郊诸园,多经西华门出紫禁城。

嘉庆十八年(1813年)九月,爆发了天理教农民反清起义。起义虽然失败,义军却在太监接应下冲进紫禁城,一路杀到皇帝的起居室养心殿。其时嘉庆皇帝去木兰围场巡幸狩猎,留在宫中的皇子嫔妃们魂飞魄散,一片混乱。此次"癸酉之变"中,被攻破的城门就是西华门。

筒子河——风光旖旎护城河

春天正午,漫步西华门筒子河,游人如织,摩肩接踵,鱼儿在河中畅游;夏日清晨,沿筒子河跑步,绿树依依,鸟声清越,身心充满愉悦;秋季傍晚,携亲友观光,碧水闪烁霞光,岸边偎依的情侣甜蜜私语;待到雪花漫天,看红墙黄瓦素裹,冰河如镜映照天空,内心一片纯净……

故宫筒子河

旧时故宫角楼和筒子河

旧时雪后的故宫御河

这就是故宫筒子河,每一个季节都以不同的神韵,令无数游人竞折腰。

筒子河是人工修筑的围绕紫禁城的护城河,它的每一段都像一个笔直的筒子,所以人们形象地称之为"筒子河"。筒子河分内外,西华门筒子河是外筒子河的一部分。

故宫筒子河全长3.5千米,水面宽52米,深4.1米。明朝永乐年间改建北京城时,在紫禁城外开凿了护城河。当时外筒子河只围绕紫禁城东、北、西三面,民间分别称为东华门东筒子河、玄武门北筒子河、西华门西筒子河。"金城汤池、深沟高垒",作为紫禁城的第一道防线,筒子河保卫紫禁城垣,使敌人无法涉河攻城。

既是护城河,就应该四面环绕,而不能南面无河。清朝乾隆二十五年(1760年),乾隆皇帝下令将午门右边的紫禁城河水,经午门引向太庙(今劳动人民文化宫)。有了这条午门暗筒子河,紫禁城护城河才形成今天的模样。

以神武门、午门为南北轴线,东华门、西华门为东西轴线,筒子河划为西北、东北、西南、东南四部分。1998年,故宫筒子河进行了中华人民共和国成立后最大规模的清理修复。2014年9月,筒子河启动"洗泥"工程。清理完毕的筒子河,从北海引水注入,昔日皇家"御河"终于重现碧水绕城的美景。

西华书房——书香飘逸 别有洞天

南北长街路口以东，有一座古色古香的四合院。四合院往西百步，便是故宫西华门。从西华门入紫禁城即为"武英殿"，为清代编纂《四库全书》之所；继续东行，便是收藏《四库全书》的"文渊阁"。

处在这样一个特殊的地界儿，绿柳红墙掩映下的四合院漫射着历史与文化交织的气韵。从故宫外熙熙攘攘的游人中脱身而出，进入小院，一股静谧幽然的气息扑面而来，雕梁画栋、回廊流畅、书香四溢、别有洞天……

这里就是西华书房。

西华书房所在的西华门大街4号院，曾是清代朝房，中华人民共和国成立后一直受到图书馆的青睐。1956年12月，西单区图书馆在此建立；1959年3月，西单、西四区图书馆合并为西城区图书馆，西华门大街4号院成为西城区图书馆馆址；1966年"文化大革命"开始，图书馆活动中止，四合院一度成为小学校舍。

时隔50年后，西华门大街4号院再次弥漫在书香中。2016年4月22日，北京市西城区文化地标性特色阅读空间——西华书房

筒子河畔一书房

西华书房一览

在西华门大街4号院建立。

以"人文阅读，国粹传播的书房文化"为理念，西华书房营造了一个经典文化的体验和感悟场所。书房由四库书屋、线装书屋、长安书屋组成，其中四库书屋以展陈国家图书馆藏文津阁版《四库全书》为主；长安书屋涵盖古今经典名著；线装书屋以推介宣纸、雕版、活字印刷、传统手工装订等传统的图书制作工艺为主，其格局宛然古代文人士子的标准书房。

除了图书馆常规性服务内容之外，西华书房还利用四合院独有的庭院空间，不定期举办作品展览、文化讲座、读者见面会等活动，为读者开启一场场文化艺术之旅。在全民阅读的时代背景下，在西城区区委区政府的领导和京城各界的共同努力下，"西华书房"正在成为一个富有文化魅力的阅读服务平台，一个富有创造活力的知识集散场所，一个引领时代精神气质的标志性公益图书馆。

静默寺——皇城禁地一寺院

  清朝皇帝推崇佛教,但专注佛经研究的唯有顺治、雍正,尤其雍正皇帝,不仅认真而且霸气。他以权威自居,对历史上许多著名和尚指手画脚大肆批评,按自己的标准喜好敕令雕印佛教典籍《大藏经》。《大藏经》"编辑"分臣僚和僧侣两个组,都是皇帝信得过的人。僧侣组成员多为各著名寺院的住持,其中"贤首宗"持海宽住持便来自康熙皇帝赐名的寺庙——静默寺。静默寺的地位分量,由此可见一斑。

  静默寺坐西朝东,位于北长街81号,其建筑在明朝就有了,当时是一座关帝庙。关羽一生赤胆忠心、义薄云天,历朝历代对他多有褒封,明朝崇祯元年(1628年),在紫禁城旁的北长街路西募建了供奉关帝的寺庙。关帝庙遍及全国各地大城小镇偏僻村落,位于皇城内的却只有这一座。

  随着时间的流逝,这座皇家关帝庙逐渐破败,清朝康熙五十二年(1713年)将其重修成一座皇家汉传佛教寺院,敕名静默寺。乾隆五十八年(1793年)再次修缮并立有碑记。

  屡经修缮的静默寺相当气派,史载静默寺有山门三间,上额

昔年静默寺山门

今日静默寺内景

新修缮的静默寺山门

"敕建静默禅林"。前殿三间，南北有配房。中殿三间，额为"静默寺"，南北配殿三间，南北寮房各五间。后殿三间，额为"璿枢转福"，为康熙皇帝御笔。三殿均是硬山调大脊灰筒瓦顶，中殿还有等级最高的和玺彩画。

由于与紫禁城近在咫尺，静默寺接待过不少朝廷要员，常有觐见皇帝的大臣在静默寺留宿，同治、光绪两位皇帝的老师翁同龢在日记中就留下了静默寺住宿的记录：1862年3月15日，移寓静默寺；3月16日，晚入城，住静默寺；5月7日，早间出城后，由馆到静默寺。

民国诞生，皇城洞开，南北长街一些皇家寺院被改作他用，但静默寺一直作为寺院存在着。根据北平市1928年的寺庙登记，静默寺"本庙面积约四亩，房屋七十八间。管理及使用状况为本寺和尚管理，以便信仰烧香。庙内法物有泥像两尊，木像七尊，铜钟两口，皮鼓两面，木五供四堂，木鱼一个，铁磬一个，藏经残部七百余套，另有石碑两座，梧桐树两株"。

犹如一尊佛像，静默寺就这样静默地立于北长街，任风霜雨打，淡然从容。

福佑寺——康熙的避痘"圣地"

1654年5月4日,顺治皇帝的第三个儿子出生了,取名爱新觉罗·玄烨。

玄烨出生时京城天花肆虐,时称痘疹。这种传染病当年致死率很高,人们对痘疹谈之色变,束手无策,唯一的办法是"避痘"。官府查到天花病人,一律驱赶离城20里,以防蔓延。出天花的玄烨虽贵为皇子,也不能留住皇宫。

为了防止病毒传染,皇室把玄烨送到皇宫外一座宅邸"避痘"。陪伴玄烨"逃难"的只有太监和他的贴身保姆,也就是正白旗汉军包衣曹玺的妻子、曹雪芹的曾祖母。这段相依为命的经历,使玄烨和保姆的感情非常深厚,一旦登基,曹家便开始了几代烈火烹油般的荣华富贵。

在保姆的精心照料下,玄烨顺利出了痘疹,迈开向龙椅冲刺的第一步,并最终坐上龙椅——撇开天资不说,出过天花的玄烨有了免疫力,是几个皇子中最不容易夭折的,他成为顺治眼中皇位继承人的重要人选也在情理之中。

这座因玄烨"避痘"而闻名遐迩的宅邸,就是位于北长街路东

旧时福佑寺,街道上没有一棵树

福佑寺(1940年)

从北海白塔俯瞰福佑寺(1901年)

福佑寺大雄宝殿

北长街20号福佑寺

20号的福佑寺。

　　福佑寺建于清朝顺治年间，康熙年幼时在此避痘的经历，使这里成了清朝圣地。雍正元年（1723年）拟把它分给宝亲王弘历，也就是后来的乾隆皇帝做私家府第，但弘历没有迁入，后被雍正皇帝改为专门祭祀雨神的庙宇，俗称"雨神庙"。乾隆皇帝登基后将这里改为喇嘛庙，赐名"福佑寺"。

　　福佑寺布局规范，结构严谨。高大的红墙、巍峨的殿宇一律黄琉璃瓦歇山顶，全寺共为三进。

　　第一进由山门、钟鼓楼、天王殿组成。山门前有一对狮子，山门前后建有雕龙御路，左右建有八字屏墙，门正南是黄琉璃瓦绿剪边顶巨型琉璃照壁，门前东西两侧矗立木牌楼两座，上面各有雍正皇帝写的"佛光普照""圣德永垂"和"泽流九有""慈育群生"。主建筑天王殿殿额上有"慧灯朗照"四字。殿前东西建有钟鼓楼，钟楼内仍保存着雍正年间铸造的铜钟。天王殿内供奉着顶天立地的四大金刚坐像，画工细致，惟妙惟肖，眉毛胡须历数可见。

第二进以大雄宝殿为中心，殿内建有重檐八角亭一座。相传当年乾隆皇帝曾梦见自己是文殊菩萨的化身，于是建纯黄金文殊菩萨像于亭子之中，这个亭子因此称为"文殊亭"。大雄宝殿内有释迦牟尼佛像，东西两边分别是做工考究大气的十八罗汉金坐像。

第三进为后殿，雍正、乾隆两位皇帝都认为康熙皇帝死后成佛，所以将康熙的牌位供奉于此，这块"圣祖仁皇帝大成功德佛"牌位现保存在故宫博物院。

作为皇家礼佛的专用场所，福佑寺一直不对外开放，直到民国，这里紧闭的山门才被打破，而涉足其间的一位人物，便是毛泽东。1919年12月，毛泽东率湖南驱逐军阀张敬尧的代表团来北平时曾在福佑寺暂住，并于12月22日在此成立平民通讯社。1927年，福佑寺被改为西藏班禅驻北平办事处，20世纪50年代再度成为班禅驻京办事处，"文革"时期办事处撤销，1980年三度成为班禅驻京办事处。

昭显庙——昔日供雷神 今天小学校

在北长街路西,有一所简朴的校门,上书几个大字——北京市北长街小学,在学校校门旁的墙上,又有"北京市文物保护单位昭显庙"的字样。

学校乎?寺庙乎?别急,走进校园看看就明白了。

原来,在北长街小学里存有一座昭显庙大殿。昭显庙建于雍正十年(1732年),为道教寺庙,清朝皇家用来祭祀雷神,也叫雷神庙。

昭显庙

明清两朝,雷击不断,很多宫殿都因雷击起火毁坏过。清朝雍正年间,内城更是频繁发生雷击,皇帝为此心烦意乱——年年都去天坛祈年殿祭祀雷神,怎么还遭雷劈呢?难道天坛祭祀雷神有些远,不够虔诚?

雍正皇帝决定在离皇宫最近处专门修建祭祀雷神的庙宇,有关人员接旨后不敢怠慢,即刻开始调研。

北长街小学

北长街小学校园里的昭显庙

他们认为,京城雷电多发自西北方向,所以雷神庙位置首先应在紫禁城西北,而北长街不但在皇宫西北,更是京城龙脉。依据龙生水、水克火的说法,北长街建雷神庙最合适。对此奏折,雍正皇帝表示认可,予以批准。国库即刻拨付银两建设昭显庙,落成后开光焚香,鲜花供养,恭敬接引雷神。

建成后的昭显庙和宣仁庙、福佑寺、凝和庙一起,分别供奉着雷神、风神、雨神、云神。这四座庙宇和紫禁城周边的真武庙、普度寺、静默寺、万寿兴隆寺合称为"紫禁城外八庙"。

现在的昭显庙只剩下一座孤零零的古殿，曾经的昭显庙可是气度非凡。有史料形容，雷神庙坐北朝南，外垣门东向，中轴线上为影壁、山门、钟鼓楼、前殿、中殿、后殿及配殿。垣门外砌绿琉璃瓦硬山调大脊影壁，山门额刻"敕建昭显庙"楷书字；钟鼓二楼，前殿中殿后殿，均为歇山调大脊，黄琉璃瓦绿剪边。

到了民国，迷信遭唾弃，民主科学备受推崇，昭显庙成为北京教育会办公地点。教育部门历来是清水衙门，工作人员没有休息室，常在庙旁边的狭窄过道来往歇息。大家日复一日从这里走过，一条小路逐渐形成，称作"教育夹道"。老舍先生也曾是来往于教育夹道的一员。1923年至1924年，24岁的老舍在北京教育会工作，住在昭显庙大殿东北角一间小北房。这段工作经历使老舍深深地记住了南北长街，他的几部作品里都可以看到昭显庙的影子，长街更成了《骆驼祥子》的主要背景地点之一。

1937年1月，国民政府在昭显庙建立公立北平市教育会附属小学，学杂费低而教学质量高，南北长街附近的孩子大都在这里念书。中华人民共和国成立后，昭显庙成为北长街小学校址。

时光如水，沧海桑田，昭显庙的建筑大部分已经成为历史尘埃，硕果仅存的影壁、后殿，为充满现代气息的北长街小学增添了难得的古典韵味。

旧时教育夹道

今日教育夹道

万寿兴隆寺——退休太监养老地

北长街39号是一座叫"万寿兴隆寺"的寺庙,寺庙两边的红墙上从右至左有"万古长春"四个字。

万寿兴隆寺原址是明代兵仗局供奉兵器的佛堂。明朝灭亡后,这座靠近皇宫的寺院就归清朝皇家了。康熙皇帝的生母在这里出生,为纪念亡母,康熙曾两次对寺庙进行修整,并将重修后的寺庙敕为"万寿兴隆寺",寺门上方的"万寿兴隆寺"五个字就是康熙皇帝的御笔。

后来的万寿兴隆寺已经成为民居大杂院,我们或可从史料里一睹它曾经的风采。

万寿兴隆寺在北长街路西,史载其地盘曾西到中南海,北至庆丰司,南邻后宅胡同,有房两百多间。寺内有东向殿二进,南向殿四进,各殿都有配殿,主配殿一色硬山筒瓦顶。山门东向,雕龙石额书"万寿兴隆寺";前殿三间,外额书"显灵尘世",殿中额书"摩利支天"。后殿三间,额书"兴隆寺",额书皆为康熙御书。寺内还有米汉雯题写的重修碑记、康熙三十三年(1694年)兴隆寺碑、清乾隆二十六年(1761年)万寿兴隆寺养老义会碑等多方。

时光荏苒，康熙御书和珍贵碑方都湮没于岁月侵蚀里，到乾隆年间，万寿兴隆寺陆续迎来一批批老年太监。

紫禁城里聚集了大量服务人员，除了宫女就是太监。清朝律制，宫女25岁可以离宫嫁人，但太监没有这样的出路，退休后的养老问题一直困扰着这些无子无孙的特殊群体。相比于回老家，太监们更倾向在京城寺庙里度过晚年，北京郊区的恩济庄、八里庄、八宝山护国寺、海淀蓝靛厂、金山宝藏寺、万寿山等地的寺庙都曾聚集了大量退休太监，相比于这些远郊寺院，出西华门抬脚就到的万寿兴隆寺是最吃香的太监养老寺院。乾隆当政时，太监们成立了自养组织"万寿兴隆寺养老义会"，入会太监先交白银百两，三年后便可到养老义会所属寺院养老，吃住不再付钱。嘉庆十六年（1811年），养老义会从僧人手中购得万寿兴隆寺地产，寺庙由兼职养老变成了全职太监养老院。

紫禁城内的太监

昔时万寿兴隆寺

今日万寿兴隆寺

变成大杂院的万寿兴隆寺

到清朝末年，万寿兴隆寺已经破落不堪了，但由于紧傍紫禁城，它依然是走出宫门的太监的首选之地。这里的养老门槛很高，在皇宫担任过重要职务或伺候过重要人物的太监享有优先居住权，所以万寿兴隆寺的太监一般都是见过大世面的。中国最后一个太监、曾经伺候过端康皇太妃、"末代皇后"婉容的孙耀庭就在万寿兴隆寺居住过。

中华人民共和国成立后，政府接管了老太监的养老死葬，将分散北京各寺院的太监于1957年集体安置在万寿兴隆寺。1964年，太监们从万寿兴隆寺搬到广化寺，1996年，中国最后一个太监孙耀庭在广化寺去世。

后来的万寿兴隆寺变成了地地道道的大杂院，里面住了好几十户人家，寺庙旁门和墙体都被改造成了房子。大院杂物横陈，拥挤不堪，只有殿顶残破的黄琉璃瓦，房檐下褪色的彩绘，隐隐提醒着它曾经的显赫。

北长街——老舍笔墨之地

明朝礼部尚书朱国祯在他的《涌幢小品》中曾经说:"余过西华门,马足恰恰有声,俯视见石骨黑,南北可数十丈,此真龙过脉处。"

北长街长800米宽10米,因地处紫禁城西华门外之北,清代便有北长街之称。

特殊的地理位置,使北长街在元代就属于宫苑之地,明清两朝更成为皇城禁地的一部分。皇家服务机构及皇家寺院多设立于此,短短一条街,鳞次栉比地分布着兵仗局、慎刑司、会计司、营造司、都虞司、关帝庙、昭显庙、福佑寺……

号称为街,却没有民居,帝制时代的北长街是皇室成员、朝廷官吏和太监们的天下。

民国开禁,北长街涌入许多达官巨贾和普通百姓,20世纪20年代初,老舍先生就曾在北长街的教育会里工作住宿,在他日后的小说《骆驼祥子》里,祥子在北长街为宽厚的教书人曹先生拉包月。虎妞怀里揣了小枕头到曹宅找可怜的祥子逼婚这一段描述,当年的北长街风貌呼之欲出。

北长街北口外的骡车（1900年）

北长街北口（19世纪70年代）

北长街口的故宫角楼

　　虎妞叫出祥子，俩人沿着北长街边走边谈判，直到北长街口和文津街。

　　御河的水久已冻好，静静的，灰亮的，坦平的，坚固的，托着那禁城的城墙。禁城内一点声响也没有，那玲珑的角楼，金碧的牌坊，丹朱的城门，景山上的亭阁，都静悄悄的好似听着一些很难再听到的声音。小风吹过，似一种悲叹，轻轻的在楼台殿阁之间穿过，像要道出一点历史的消息。虎妞往西走，祥子跟到了金鳌玉𬟽桥。桥上几乎没有了行人，微明的月光冷寂地照着桥左右的两大幅冰场，远处亭阁暗淡的带着些黑影，静静的似冻在湖上，只有顶上的黄瓦闪着点儿微光。树木微动，月色更显得微茫；白塔却高耸到云间，傻白傻白的把一切都带得冷寂萧索，整个的三海在人工的雕琢中显出北地的荒寒。

中华人民共和国成立后，北长街成为居住地，灰白色的主基调平房院落与红墙黄瓦相互辉映，庄严、古朴、神秘中又散发出浓郁的人间烟火味儿。走在北长街上，道路两侧遍植槐树，春日里槐花飘香，夏日里槐荫浓密，居民们会在槐荫下坐着乘凉、饮茶、聊天，伴着阵阵夏风，好不惬意。北长街口上已是著名的旅游风景区，筒子河、故宫、北海公园、团城、北海大桥、景山公园、大玄高殿都在附近，无论冬夏，游人如织，赏心悦目的景色令人心旷神怡。

第二章
回望长街钩沉辑佚

公元1272年，忽必烈建都北京。渐渐地，南北长街变成了不见世人的皇城禁地。岁月悠悠，长街印刻了多少帝王将相兴衰成败的痕迹。

民国以前，这里没有门，没有南长街，只有神秘威严的皇城城墙。六百多年中国的一切政令都从墙里发出，总管皇帝家衣食住行的机构基本都分布在墙里的南北长街上，明朝的内宫衙门、兵仗局、御用监、银作局、宝钞司；清朝的内务府属下会计司、庆丰司、升平署和皇室寺庙……鳞次栉比。当时的南北长街就是一个专为皇室提供服务的后勤服务区。

身处中国政治最中心，这个"服务区"的内涵和古迹，犹如一座丰富的宝藏，无穷无尽。我们只能拾取几串历史长河中的炫目彩贝，零星叙述些它曾经的风景、过去的事情。

南北长街——紫禁城后勤服务区

作为明清两朝帝国统治中心，紫禁城居住着人数众多的皇室成员，在这里办公的官僚机构也极为庞大，这就需要专门的后勤部门为其提供衣食住行等服务。紧傍宫墙的南北长街走动便利，顺理成章成为帝国中央后勤部的最佳选址。明朝管理皇宫内务的十二监和清内务府机构，很多就设置在这里。

明朝以宦官管理十二监，主管尊称"太监"，从此有了"太监"称谓。及至清朝，宫内所有阉人都被称为太监，只是含义从尊重变成了鄙视。根据史料记载，明朝在今北长街西侧有兵仗局、西值房、旧经库、尚膳外监、甜食房、尚宝监和鹰房司；南长街西南、西华门以东有御用监、灵台、银作局和宝钞司。其中兵仗局掌造刀、枪、剑、戟、鞭、斧、盔、甲、弓、矢等军用器械和宫中零用的铁锁、针剪及法事所用钟鼓等。御用监负责造办御前所用器物，明朝刘若愚在《酌中志》中描述，凡御前所用围屏、摆设、器具如硬木床、桌、柜、阁及象牙、花梨、白檀、紫檀、乌木、鸂鶒木、双陆、棋子、骨牌、梳栊、螺钿、填漆、雕漆、盘匣、扇柄等件，皆造办之。

观测天文的灵台在御用监南侧，设有掌印太监一员，近侍、签

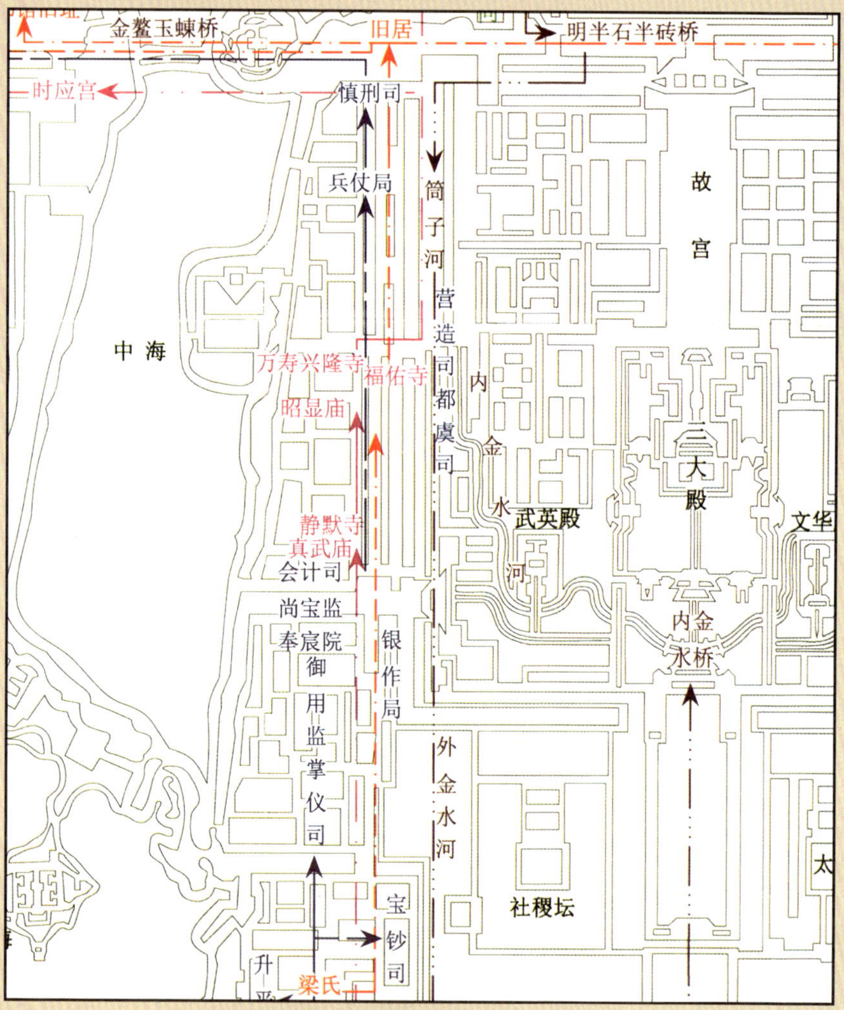

紫禁城后勤服务区地图一览

南长街老宅

旅游专车从南北长街驶过

书多名，习写算、观星气。灵台存有《观象玩占》《流星撮要》等观测天象的书，每年的历书，都由灵台与钦天监共同编写。

明朝宦官掌权，祸害无穷。为避免隐患，清朝顺治年间压缩服务机构，成立内务府。康熙掌权后，干脆把太监全部赶出内务府，由他亲自任命"总管内务府大臣"总理内务府，大小官职都转移到皇室家奴也就是包衣手里。

物是人非，管事的换了，但内务府下设的"七司三院"——广储司、都虞司、掌仪司、会计司、营造司、庆丰司、慎刑司和上驷院、武备院和奉宸院，依然在南北长街办公。

北长街西侧从北向南，依次分布着掌管牛羊畜牧、皇室祭祀、食用和筵宴供给的庆丰司；管理皇室帑项出纳与庄园地亩以及宫女、内官选用的会计司；主抓景山、三海与南苑等处管理、修缮事务的奉宸苑。

北长街东侧，福佑寺南墙外，是营造司和都虞司所在地。营造司负责宫廷供暖修缮，都虞司主管上三旗武职官与内务府书吏考核和皇室的东北贡品，在吉林松花江乌拉地方设有打牲机构。

再南，过西华门大街，南长街东侧是主管内廷礼乐事务的掌仪司，西侧有升平署，专门为皇家提供看戏娱乐服务。

……

由于地处壁垒森严的皇城，有关南北长街的史料留存有限，影像记录更是无从谈起。但从仅存的文字记载中，我们也足以想象长街当年的庄重繁忙和井然有序。作为帝制时代的皇宫后勤服务区，国家权力的正常运转、明清皇帝从生到死，都与南北长街的机构息息相关。从这个意义上说，南北长街的重要性不言而喻。

御用监——御前用度 一应俱全

我们来看图中这块精雕细琢的玉：一只娇小的海东青啄着一只大雁的头，逼着它降落到水上，玉上的水波与苇叶纹清晰可辨。海东青是一种猎鹰，"海东青啄雁"反映了北方地区养鹘捕雁的习俗。从造型看，这块暗白色的月牙形玉海东青啄雁玉饰应为妇女的头饰。翻过它的背面，上有"御用监造"款识。

再看图中这个故宫的大铁缸，缸上的字是"大明弘治四年御用监吉日造"，说明大铁缸是御用监在明孝宗时制造的。

御用监在明太祖时期已经成立了，分掌皇家用度。清初查慎行所著的《人海记》中说："内西华门

玉海东青啄雁饰

故宫御用监造铁缸

外西南一里许，明朝御用监在焉。"也就是说，御用监在今西华门西南，南长街以东区域。清朝顺治年间也有御用监，康熙即位后裁撤，改设广储司，属内务府。

御用监负责造办的御前所用之物，在明末刘若愚的《酌中志》中有详细记载："御用监，掌印太监一员，里外监把总二员，犹总理也。有典簿、掌司、写字、监工。凡御前所用围屏、摆设、器具，皆取办焉。有佛作等事，凡御前安设硬木床、桌、柜、阁及象牙、花梨、白檀、紫檀、乌木、鸡翅木、双陆、棋子、骨牌、梳栊、螺甸、填漆、雕漆、盘匣、扇柄等件，皆造办之。仁智殿有掌殿监工一员，掌管武英殿中书丞旨所写书籍、画扇，奏进御前，亦犹中书房之于文华殿中书也。"兵仗局的一些盔甲刀剑等武器也由御用监制作。根据明万历年间《大明会典》记载："若近侍长随及各营总官兵，所披执盔甲、绣春刀，则属御用监。"

此外，御用监还下辖甜食房和洗帛厰，后者工种最为寒苦可悯。

御用监生产规模庞大，鼎盛时荟萃了全国各地的能工巧匠，他们的产品几乎囊括了宫廷日常生活的各个方面，做工"造型简练、结构严谨、装饰适度、纹理优美"，很受皇室青睐。

为做好西藏的"统战"工作，明朝还设立御用监造像机构"佛作"，专制藏式佛像。朝廷经常把御用监制作的金铜佛像作为重要礼品赏赐或馈赠给西藏上层宗

御用监制作的佛像

御用监不再，南长街犹存

教人士。为表示真诚和善意，造像署款不是汉人从右至左的书写格式，而是藏族从左至右的读写形式。作为礼品，御用监造像在当时民族宗教关系中发挥了巨大作用。

玉、棋盘、佛像……从流传下来的御用监制品中，我们得以了解明朝工匠的精湛技艺和宫廷生活，从而加深对祖国历史文化的认识。

银作局——堆金叠玉为王孙

银作局是专为明朝宫廷制造金银器饰的作坊,早在明太祖朱元璋时期就有了。据《明史·职官三》记载,银作局成立于洪武三十年,设掌印太监一员,管理、佥书、写字、监工无定员,掌打造金银器饰。

作坊设在西华门大街一带,约有工匠二百至三百人,规模不大,

西华门大街

凤形金簪

金镂空凤纹帔坠

但制造的各种金银器物十分考究。银作局留存下来的作品不多,我们得以一睹芳容的均为无价之宝。

上面这个精致优美的凤形金簪,一只金凤脚踩祥云,双翅舒展,细长的凤尾随风飘动。它就是银作局器物之一,出土于明宪宗朱见深的宠妃万贵妃父亲万贵墓。

再看这个金镂空凤纹帔坠,它也是由银作局制造的。古代皇亲国戚的女儿出嫁时要穿戴凤冠霞帔,帔坠就是霞帔上的坠子。这个金帔坠2001年出土于湖北钟祥梁庄王墓,雕镂精细,一只凤凰展翅翱翔于云间,器钩内壁有"随驾银作局宣德柒年拾贰月内造柒成色金壹两玖钱"的铭文。

银作局不仅制造金银饰品,还承担着为宫廷铸造金银锭的重要任务。目前面世的银作局银锭大都出土于明朝皇帝、藩王、大臣墓中,它们是研究明代皇室宫廷经济的重要实物资料。

下图这个金锭也出土于梁庄王墓,应该是皇帝赏赐给梁庄王的。金锭正面有"随驾银作局销镕捌成色金伍拾两重作头季鼎等匠人黄闵弟永乐拾肆年捌月日"的铭文,铭文中的"随驾银作局"是指随永乐皇帝往返于南京、北京的银作局。

金锭

今天的西华门大街游人如织,当年的银作局已不知踪迹,但硕果仅存的银作局作品却长留于世,其折射出的先代匠人精神,至今令我们深深震撼。

会计司——皇室贴身小管家

原来的会计司胡同长 90 米，宽 5 米，东西曲折走向，东起北长街，西不通行，清代因内务府会计司设于此地，称会计司，1911 年后改称会计司胡同，沿用至今。胡同近几年已拆迁，现只留存会计司胡同 25 号门牌未动，房也未拆。

说起北长街的清朝会计司，这可是一个不能小觑的皇家衙门。它隶属内务府，主管国库钱财、皇庄地亩及宫女太监选拔等事务。

会计司最初叫内官监，康熙十六年（1677 年）始称会计司。会计司管辖下的皇家庄田遍布北京、辽宁、河北、内蒙古等地，分为银庄、粮庄、园田等。银庄纳银，粮庄纳粮，园田包括菜园、果园、瓜园，供应皇室宫廷四时所需。

会计司还负责为即将生育的后妃挑选儿女双全、健康端庄的"妈妈里"，"妈妈里"是满族人对已婚妇女的称呼。被选中的"妈妈里"到即将生育的后妃那里上夜守喜，为准妈妈带来吉祥好运。

选宫女也是会计司的重要职责。凡上三旗佐领、管领及回子佐领、健锐营番子佐领下女子，年龄在 13 岁以上者，按旗属和年岁造册送会计司备选。备选的女子在选期前一天晚上入宫，第二天由

拆迁前的会计司胡同

会计司胡同25号

拆迁前的会计司胡同

太监带到皇帝或皇后、太后前选阅。

挑选太监比较严谨复杂,需由会计司和掌礼司共同完成。首先,备选太监要一律先向会计司报名,由会计司与各人原籍府县调查核实身份。核实无误手续办完后,听候指定日期进行"验净"。

整个"验净"在会计司和掌礼司官员双重监督

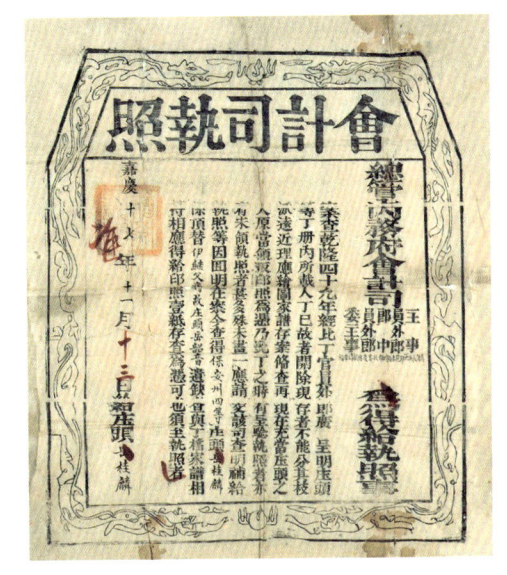

清朝会计司执照

下进行。先是"验缺",候选太监挨个儿登堂入室,由会计司、掌礼司属官一一察看身体是否健康,面貌是否端正。通过"验缺"者方能进入"净室",由年老首领进行验身。验净完毕,会计司、掌礼司官员呈明内务府总管大臣,将合格的新太监按年岁相貌分别派往皇宫各处。

清朝末期,会计司胡同住有一个"净身"专业户毕五,他每季给总管内务府进40名太监,每个太监交付的净身、疗养、饮食、医药、置装银两多达百八十两,毕五因此财源滚滚,"刀毕家"外号远近闻名。

清朝灭亡,会计司也走到尽头。1926年,李大钊从北洋政府手中争得北长街会计司原址作为北京女一中校址,现在这里是北京一六一中学北校区,教书育人的老师和青春焕发的学生使曾经的清廷衙门充满了朝气和活力。

宝钞司——这"宝钞"不是那宝钞

在今天的南长街西南口,曾经有一个明朝宦官衙门——宝钞司。

这个听起来类似央行货币金银局的高大上机构,其实和钞票毫无关系,它就是一个专门为皇宫制造手纸的作坊。《明史》称:"宝钞司,掌印太监一员,佥书、管理、监工无定员,掌造粗细草纸。"

只能说,紫禁城连出恭也非同凡响,其特供手纸与民间钞票均名宝钞,同等重要。

据宫廷旧闻,宝钞司左临河,后依河,河水从中南海流水音流出,从西向东经南长街红墙,流入天安门前的外金水河。为了制造草纸,宝钞司沿小河设"泡稻草池",把稻草煮熟、铡碎加上石灰浸泡为浆,这个地区因此有过"南池子"之称。

在南长街西南口一条长361米、宽4米的胡同里,宝钞司设立了72个作坊,这72个作坊各具一间,烟筒朝天,每个作坊都有大灶台熬制草纸,整日里黑烟滚滚,犹如72凶神,它们所在的胡同因此被称为大烟筒胡同。这名字直白写实但不好听,1911年后,大烟筒胡同改为文雅的大宴乐胡同。现在胡同已经拆除了,只留了

了无踪迹的胡同旧宅　　　　今日大宴乐胡同

拆迁前的大宴乐胡同

一条长 50 米、宽 7 米左右的柏油马路。

煮好的稻草经过抄浆、晾干等程序，便制造出皇宫专用草纸。宝钞司的草纸呈淡黄色，绵软细厚，质量比民间草纸好得多。这些草纸由专门管理厕所的近侍太监收着，随时进呈使用。

关于皇宫手纸还有一段有趣的传说。相传明朝皇帝曾用丝帛如厕，用后随手丢弃。时间久了，一名太监觉得可惜，就把这些丝帛一张张收集起来，洗净晒干，拼成一块大帘帐挂在屋里，看着好像和尚的百衲衣。皇帝

旧时的大宴乐胡同老宅

遛弯儿时偶遇这块大帘帐，好奇心来，问此为何物。太监不敢撒谎，如实招供那是陛下的"手纸"。皇帝大吃一惊：朕是不是太过浪费了，反省后如厕改用手纸，从此再不用帛。

到了清朝，马背上下来的后代对手纸没那么多讲究。宝钞司撤销，慈禧太后用的卫生纸需喷潮热熨，光绪的手纸更普通，就是揉过去掉内硝的裱心纸。

都虞司——东北贡品滚滚来

南有江宁织造，北有打牲乌拉。

在今天的吉林市乌拉街满族镇，曾经有一个比肩江宁织造的重要部门——打牲乌拉总管衙门。该衙门负责为清廷经营采捕东北物产。南至松花江上游、长白山阴；北至黑龙江、瑷珲；东至宁古塔、珲春、牡丹江流域，这个区域的山珍海味，都由打牲乌拉采集并运送北京。

打牲乌拉总管衙门的直接上级，是京城内务府的都虞司。

都虞司建在北长街路东南，初名尚膳监，顺治十八年（1661年）改采捕衙门，康熙十六年（1677年）改都虞司。都虞司设郎中、员外郎、主事、委署主事、笔帖式、书吏等员，负责考核三旗武职官与内务府各司处书吏。但都虞司最重要的职能，当属为皇室从他们的东北老家攫取食品、祭品、装饰品、药品、军用品和其他用品。

由都虞司遥控，打牲乌拉总管衙门具体运行，皇家贡品从遥远的东北源源运到北京，种类曾达到3000余种，有东珠、鲟鳇鱼、貂、虎、鹿、野猪、熊、鹰、雕、鹳、鹊鸟、寒鸦、雉等渔猎产品；有人参、百合、山药、松子、松塔、鱼笋、靰鞡草等野生植物；有小

残留的一丝风采

米、稗子米、铃铛麦、高粱米、荞麦等农作物；还有细鳞鱼、鳟鱼、鲢鱼、翅头白鱼、蝶鲈鱼、松子、关东烟、田鸡、寒葱、白小米等东北特产……

总之，皇家关外故乡的珍贵物产，不管是天上飞的，地上长的，还是水里游的……凡帝王贵胄需用，就必须全部进贡，有清二百多年从未间断。

历代清帝都很重视乌拉贡品，堂堂一国之君，常常亲自督办都虞司的工作。待到皇帝倒台，都虞司也随之消亡。1912年，打牲乌拉总管衙门被民国政府收回。

营造司——红罗炭暖紫禁城

营造司衙门在北长街路东，福佑寺南墙外。

据《光绪顺天府志》记载："营造司署，在西华门外北长街，西向。大堂五楹，二堂后有鲁班殿，前后凡四重，廨舍共七十间，掌理工作，兼司惜薪司，顺治十八年（1661年）改为内工部，康熙十六年（1677年）改今名。"

也就是说，营造司的前身是惜薪司，一个专门职掌宫中薪炭的机构。北京冬季天寒地冻，各大殿及皇帝一家乃至宫女太监的居所都要用木炭烧暖炕和火炉。三九天的紫禁城，到处都是烧炭取暖的火盆，亦称"炭盆"，盆上加笼即是"熏笼"。至于电视剧里后妃们手捧的精巧手炉，宫女太监是配不上的，只有帝后嫔妃们有权使用。

无论火盆还是手炉，里面盛放的都是燃烧持久、无烟无味的优质"红罗炭"。这种炭用北京附近州县的硬实木材烧制，成炭后按尺寸锯裁，放进涂有红土的小圆荆筐内送入宫里，所以名为"红罗炭"。

薪炭看似区区，却是宫中必不可少的物资，所以明清两朝才都设立了这个衙门，取名惜薪，有珍惜薪炭、节省用度之意。史载明

黑漆描金手炉　　　清朝掐丝珐琅火盆　　　精美火炉

代紫禁城每年用木炭2680万斤。清乾隆年间，宫中用炭实行限额定量供应，正宫娘娘每月供炭80斤，皇太后每月供炭120斤，皇贵妃每月供炭75斤，皇太子、公主每月供炭30斤。

惜薪司下设三个机构：热火处、柴炭处、烧炕处，各有首领太监和太监几十人，分别负责安装火炉、运送柴炭、柴炭存储分发和点火烧炕。

惜薪司官员职权较少却地位非常。借助送炭上门的机会，他们可以直接进入其他官员无法涉足的内廷，有"近侍牌子"之称。但惜薪司也肩挑重担，如履薄冰。因为木炭火盆不安全，紫禁城冬季的火灾不少就是因为炭火引起的。嘉庆二年（1797年），管乾清宫取暖用火的太监郝世通，一时疏忽，炉里的炭没有彻底闷灭就随手倒在了楠木隔山旁边。谁成想死灰复燃，干炭烈火，很快火焰冲天，将整个宫殿化为灰烬。灾后郝世通送刑部处死，二十多名护卫太监被罚俸鞭打。

改朝换代，明朝不少皇家服务机构在清朝被撤，负责紫禁城供暖的惜薪司却留存下来。顺治十八年（1661年），改惜薪司为内工部；康熙年间又更名营造司，负责皇宫寻常岁修之事。

庆丰司——牛羊成群奶酪鲜

满人来自关外,这个游牧民族对牛羊有着特别的嗜好,皇室子弟也概莫能外。

牛羊第一作用,自然是满足口腹之欲,此处还用于祭祀一下祖宗和各路神仙。待到打下江山坐上龙椅,朝廷繁文缛节各种讲究,牛羊的用途便多了起来。

首先依旧是吃,御膳及各种宴会食物所用牛羊,数量惊人。皇帝和嫔妃进膳用的乳饼乳酪原料由皇室专用牛圈的牛奶制作,仅皇帝一人,此项便用乳牛50头。乾隆筵宴客人,动辄便是乳牛几十上百头,羊数百只。皇帝外出巡幸沿途所需牛羊,皆由京城带出。为了让皇上和一路随行的官员喝上新鲜牛奶,吃上鲜美羊肉,备用牛羊需全程陪同随时应用,各地对它们的照顾接送,堪称一场艰难接力,而劳心费力负责完成这场接力的,就是庆丰司。

庆丰司是清朝内务府机构之一,专职牛羊群的饲养、放牧和供给。庆丰司衙门办公地点设在今天的北长街,最高领导为值年大臣,其下设有郎中、员外郎、主事、委属主事、笔帖式,分别管理司内各项事务。

庆丰司身在北长街，放眼大草原。它不仅掌管着顺治初年设立在西华门外的内牛圈，南苑的外牛圈、乳饼圈和丰台的羊圈，权力所及，直达今天内蒙古境内和东北的广袤地区。在那里丰美的草原上，游走着无数庆丰司的特供牛羊，夏天出青，冬天入圈。庆丰司官员定期前往各个牧场，视察牛羊的饲养状况。

圈里悠闲自在的牛羊，一进皇宫便成了可怜的牺牲品——无论御膳房案板，还是宫中祭祀、喇嘛诵经，被屠宰的牛羊都不可或缺。唯有在皇家耕藉大礼上，庆丰司牛圈所饲之牛不必挨刀还风光无限。中国自古以农立国，素有敬农、重农传统，清朝皇帝入乡随俗，每年农历仲春亥日，都要率百官去先农坛祭祀先农神。其时皇帝要脱下礼服换上亲耕服，到耕台前的一亩三分地亲自耕田，然后登上观耕台看百官犁地播种。礼仪结束，那头皇帝宠幸过的黄牛，可以

雍正祭拜先农图（局部）

活着回到庆丰司的南苑牛圈。

　　婚丧嫁娶，吃喝玩乐，如此巨大的牛羊需求，京城特供牛羊圈自然力有不逮。庆丰司值年大臣年年行文张家口外牧场索要牛羊，从乾隆二十五年（1760年）开始，每年取羊多达8000只。除此之外，庆丰司还要负责剪取羊毛送交武备院。牛皮羊皮，或送武备院或送广储司，倒毙的牛羊肉，交送景山、畅春园、圆明园喂老虎，真可谓精心持家，物尽其用。

庆丰司胡同老宅

升平署——粉墨登场侍皇室

要说清朝皇家京剧粉丝,第一名非慈禧莫属。她不仅喜欢看戏,还懂戏。每次演出,慈禧都坐在戏楼里,手拿剧本,认真对照每位演员的表演和唱词,稍有差池便严加斥责。太后手头的剧本来自升平署,从头到尾,唱词和念白都写得清清楚楚。

升平署是清朝专门掌管皇家听戏的机构,创立于道光七年(1827年),旧址就在后来的南长街路西一六一中学。

升平署的渊源可以追溯到康熙年间的南府。南府负责收罗民间艺人,教习年轻太监和艺人为宫廷应承演出。《京都古戏楼》中记载,清初的宫中奏乐和演剧沿用明制,由教坊司、钟鼓司承应。到康熙年间,专门设立演剧机构,称南府,地点在南花园。据《宸垣识略》描述:"南花园在西苑门迤西,明时为灰池,种植瓜蔬,今改南府,为梨园子弟所局。"

待到爱好文艺的乾隆登基,由太监们担纲主演的戏剧已经不能满足"文青"(文艺青年)皇帝的需求。乾隆六下江南,接触到繁盛的民间戏曲流派,眼界大开,决心建立一支更为庞大的皇家剧团。皇帝一声令下,苏州、扬州的优伶不断进京入宫,被安置在景山内

升平署戏楼

垣西北的百余间连房中,俗称苏州巷。有别于太监演员组成的"内学",民间优伶所在的景山名为"外学"。南府、景山两处的艺人加教习,鼎盛时多达3000人,达到了清朝宫中演戏的全盛时期。

到嘉庆、道光两位皇帝,一来这两位缺少文艺情怀,二来国库空虚不愿再养文艺团体,内学、外学人员被大量裁员。道光七年(1827年),干脆裁退所有外学艺人,取消南府,建立升平署取而代之。这段时间的升平署不受重视,演职人员最少时只有60来人。

怎知到了清末,峰回路转,升平署进入最高层视野,这次的戏剧铁粉是"太后老佛爷"慈禧。相比乾隆的"好戏",慈禧可谓"嗜戏"。如此一来,朝廷演职人员又开始短缺了,民间戏班开始整班进宫演出。不仅如此,升平署还邀请当时的京剧名角做教习,大量培养太监艺人。和乾隆年间一样,太监充任伶人的叫"内学",民

升平署戏楼

酷爱京剧的慈禧

间戏班的职业演员叫"外学",也叫"内廷供奉"。"内廷供奉"多为京剧名角,如谭鑫培、孙菊仙、汪桂芬、杨月楼、杨小楼、王瑶卿、王凤卿等,都曾是民籍教习或民籍学生。

升平署腰牌

皇室看戏有讲究。开戏之前,升平署要缮写进呈太后、皇帝阅览的戏单和剧本,戏单列出演出地点、日期、开戏时间、剧目及主要演员,称为"安殿戏单";剧本明黄纸封面封底,内里用毛笔在白皮纸上抄录唱词念白,专供太后、皇帝翻看,称为"安殿本"。这些升平署安殿本和戏衣、道具、剧照一起,现在保存于故宫博物院内。

随着慈禧去世,升平署再次萧瑟,于清朝灭亡前一年走下历史舞台。

升平署早已不在,但升平署旧址风韵犹存。南长街南口的北京一六一中学校区内完整保留着升平署院子,其中最引人注目的是由方形重檐歇山顶戏台和后台建筑组成的升平署戏楼,戏楼平面呈凸字形,三面敞开的戏台适合观赏演出。台口有四根红漆柱,两侧各

一六一中学南校区

有三根立柱。上场门原为城门样式,寓"出将"之意;下场门原为宫门形式,寓"入相"之意。戏台对面是帝王后妃看戏的双脊勾连搭式大殿,两侧各有五间配殿。现在,戏台敞开的三面都装上了木门窗,改为一六一中学的图书馆。

77

第三章
轻扫长街一地旧梦

在筒子河边觅一处地方,建一座回廊曲折的四合院,当是多少人的梦想!这样的院子甚至不用修建花园,推开门窗,便是皇家宫院,绿色的宫柳、飞扬的角楼、澄澈的御河……

随着清朝覆灭,皇城墙和帝制一起崩溃了。踏着新开通的南北长街,各界名流纷至沓来,圆梦西华门外。长街多了一座座独门独户的精致院子。深红的宅门、锃亮的门铰后面,是名噪一时的文人墨客,是指点江山的政坛显要。他们在此留下的身影,或令人叹息,或留下无尽的温暖和思念。

这些在中国近现代历史上举足轻重的人物,为长街增添了别样风采,也成为长街传奇的重要组成部分。

南北长街的开拓者——朱启钤

从清末到民国，从北京到北平，从水道湮垢、出行不便到城门洞开、大道通衢……古都经历了天翻地覆的变化。但改造它的领军人物却渐渐被人遗忘了，他就是对现代北京城建设居功至伟的朱启钤。

朱启钤在湖南长大，从地方工程小官做起，一路兢兢业业脚踏实地，而立之年调任京城，先做京师大学堂译书馆监督，33岁担任清政府北京巡警厅厅丞。这期间他经常骑马巡街，走遍古都大街小巷，对北京城的脏乱差深恶痛绝。民国伊始，受到袁世凯重用的朱启钤开始治理北京，目标直指成为总统府的中南海。

中南海即原来的皇家行宫"西苑"，与紫禁城浑然一体，进总统府先要跨过紫禁城的重重门槛。时任交通部总长、内务部总长的朱启钤当机立断，拆除内侧皇城墙，把中南海南侧的宝月楼下层改建为直通西长安街的大门，这座新开辟的"新华门"从此取代西苑门，成为中南海正门。

京剧《游龙戏凤》这样描述北京城："大圈圈里头有个小圈圈，小圈圈里头有个黄圈圈。"大圈圈是内城，小圈圈是皇城，黄圈圈是紫禁城。这三个圈圈杵在京城中心,圈起了南到前门楼、北至平安大街、东起南北河沿、西达西黄城根的广大区域。百姓来往,必须绕着城墙走一大圈。皇城,已经成为堵在北京城中央的一个巨大障碍。

内城大门正阳门也就是前门,其时也是一片混乱。前门常年紧闭,只有皇帝出巡或祭祀时才打开。供普通人进出的闸门也是傍晚即关,车马行人非常不便。而前门外的商业已经非常发达,车水马龙,人头涌动,交通堵塞日甚一日,道路重建迫在眉睫。

帝制崩溃,百业待兴,朱启钤开始了声势浩大的古都拆迁重建工程。1915年6月16日,前门改造工程开始。在开工典礼上,朱启钤手持袁世凯颁发的特质银镐,刨下了第一块城砖。

作为提出"修旧如旧"概念和"胜迹保护条例"的第一人,朱启钤并非镐头一抡,把旧世界通通砸碎。在对前门的改造中,他保留了瓮城正面箭楼,在城门洞两侧新开了两个门洞,建两条20米

1920年的前门大街

宽的马路,筑人行道,修排水暗沟。天安门是皇城大门,大门东西各有一个三阙券门和千步廊,为文武百官进入皇城及办公所用。朱启钤部署,拆除千步廊,从此有了"神州第一街"长安街雏形及民国年间的天安门广场;拆神武门外的北上门、东西角门和北海前的东西三座门,横贯北京东西的第二条道路建成;在太庙和社稷坛两旁墙上开了两个豁口,南池子、北池子和南长街、北长街得以面世,原本封闭的皇城变成平民可以自由穿行和逗留的开放空间。不仅如此,朱启钤还为北京百姓建起了第一座公园。

中国自古只有皇家、私家花园,没有供民众游览的"公园"。朱启钤立志让普通百姓享受到城市园林生活。当年他参加清廷社稷坛祭祀时,痛惜院内一片荒芜、破烂不堪。帝制一旦崩溃,社稷坛便成为朱启钤开辟公园的最佳选地。

1914年春天,艰难的公园建设开始了。政府没钱,朱启钤带

南长街拱门

头并发动绅士、商人捐款；劳力不够，他动员工兵营和市民参与工程建设；材料匮乏，他把皇城改造的废料运了过来；景致单调，他在园中兴建来今雨轩、投壶亭、绘影楼、春明馆……公园建筑设计师华南圭的妻子有感于朱启钤的日夜操劳，在一篇文章中写道："朱先生规划布置，每天清晨六七点钟就在亲自指挥，到晚上六七点钟还孜孜不倦。有一两年之久，他都这样做，这是我亲眼看到的，可惜我无能为力，如果有的话，我必定为他设立一尊雕像来纪念他的功绩。"

中山公园朱启钤珍爱的古柏

建成的公园取名"中央公园"，于当年"双十节"正式开放，吸引了大批游人，男女游园者数以万计，兴高采烈地嬉笑往来于郁郁葱葱的古柏松林中，中国普通民众终于享受到了皇家园林的轻风抚柳和浓荫蔽日。1925年孙中山先生逝世，灵柩停放在社稷坛拜殿，供各界人士吊唁瞻仰。1928年，中央公园改名为中山公园。

梁思成林徽因夫妇走上建筑之路，亦得益于朱启钤这位领路人。他们是朱启钤1930年创办的"中国营造学社"成员。营造学社为撰写中国建筑史构建了扎实的科学体系，其研究成果影响至今。建筑界将朱启钤视为"中国古建筑学之父"，当是实至名归。

如今，斯人已逝，朱启钤改造过的古城却长留于世，叙述着前人的伟业。

朱启钤

朱启钤（1872—1964），祖籍贵州开阳，历任北洋政府交通部总长、内务部总长等职。中华人民共和国成立建立后，被聘为中央文史研究馆馆员，古代建筑修整所顾问。1961年，周恩来总理亲自在全国政协为他主持90寿辰祝寿活动。

朱启钤故居不在南北长街，但没有他改造北京的"第一锤"，就没有今日通达的南北长街和天安门广场的风光无限。他亲自设计的南长街南口那座气势不凡的棕红色拱形门，已经成为长安街上的独特景致。

朱启钤

朱启钤和家人在一起

南长街54号——梁启超的北京行营

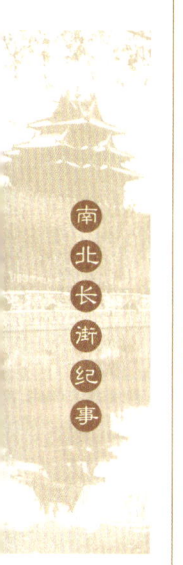

1912年11月,海外避难的梁启超从日本回国,再次踏上阔别已久的北京,此时距他戊戌变法失败后仓皇出逃,已经14年了。

北京以盛大规模欢迎这位维新领袖的回归,梁启超风光无限,激情焕发地投入到新政府的工作中。1913年初,梁启超出任司法总长,自己在北京租房,他的妻儿还在日本。家人分居两国,在北京拥有一所交通便利、舒适安定的住宅成为梁启超的当务之急。

费慰梅在《梁思成和林徽因》一书中这样写道,"1913年9月,梁启超被任命为司法部长。天津的那所大房子和图书室仍然是老家,但现在有必要在首都北京再建一个家了。在紫禁城边上的南长街上找到一所有许多天井的房子。它位于市中心,能容纳日益膨胀的家庭和大群的仆人,离北海公园门口团城梁启超的办公室也不远。"

这个新家,就是南长街54号,后门牌改为大宴乐胡同26号。

据梁启超弟弟梁启勋的外孙孙军回忆,这处占地四亩的宅院于1917年建成,由梁启超、梁启勋兄弟共同出资,梁启勋多一点,梁启超少一点。院子里外三进,门房、车房、马房、厨房、卫生间、

梁启超

南长街54号原布局示意图

会客室、假山、回廊、月亮门一应俱全,仅宾客接待室、饭厅就各有三间。以现在的眼光看,该大院是地道的豪宅,春夏鲜花盛开,四季松柏长青。几十个房间,梁启超拥有十间分别作为书房、客房和会客室,其中最高的南房是梁启超的固定卧室。他只要到北京办事去清华讲学,一般都住在这里。

1917年,梁启超出任北洋政府财政总长和盐务署督办,位高权重,本就热闹的南长街54号因此更加喧哗,民国前后的风云人物纷纷到此拜访。"梁启超一来的时候客人非常多,不得了。马车、汽车从胡同里边我们家那个院子,要一直排到南长街口外,一直到中南海西门那块,全是在那儿等着,非常多,一直排长队。"孙军如是描述当年的风光。

梁思成与林徽因的爱情,也与南长街有着奇妙的联系。有关1923年5月发生的有关梁思成车祸原因之说有几个版本,车祸发生地是南长街口却没有异议。梁

87

思成受伤住院后，林徽因经常到医院看望他，两人感情逐渐升温，终成眷属。梁启超对未来的大儿媳非常满意，患病在天津休养，还惦记着为尚在美国留学的梁思成、林徽因举行订婚仪式。据《南长街54号梁氏档案》披露，梁启超去信梁启勋："徽因思成已决定在美结婚，婚仪太简率，所以想在文定礼上稍微郑重庄严一点，我既不来京，一切由弟代理便是。"从请媒单帖、亲家拜帖的书写，到聘物的选择、家中的陈设、祭祖仪式、邀请陪客名单及宾主座次等，梁启超都做了详细交代，拳拳慈父心由此可见一斑。1927年底，梁启勋亲自操办，隆重的中式文定大礼在南长街54号举行，它与1928年春季梁思成林徽因在加拿大渥太华举行的婚礼一起，缔结了一桩世纪婚恋传奇。

1929年，梁启超在协和医院溘然长逝，南长街54号成为梁启勋一家的住所。梁启勋去世第二年，"文革"开始，南长街54号未能逃过被抄家的厄运，许多有价值的文物史料丢失，大院也逐渐

梁思成与林徽因新婚照

梁启超与林徽因在长城上

荒芜。1982年，梁启勋后人最后搬离。经过后来一系列拆迁改建，南长街54号院现在已彻底消失在人们的视线里。

有关梁启超的北京故居，一直存在着争议。北沟沿胡同23号的一座四合院于1986年6月被列为"北京东城区文物保护单位——梁启超故居"，成为梁启超在北京唯一被认定的故居。但2012年3月，梁启超的几位孙辈后人向有关部门递交了一份梁启超儿子梁思礼带头签署的声明，否认北沟沿胡同23号是梁启超故居。梁启勋后人也认为，该处是梁启超长女梁思顺夫妇20世纪30年代所购房屋，梁启超从未住过。相比之下，南长街54号更有资格称为梁启超故居。

虽然梁启超故居的认定仍存争议，但南长街54号历经劫难保存下来的梁启超手迹、稿本，亲笔书信以及其他民国要人的书信弥足珍贵，为后人研究中国近代政治活动提供了难得的新材料，具有极其重要的研究价值。

梁启超

梁启超（1873—1929），广东新会人，中国近代维新派代表人物，参与了中国从旧社会向现代社会的变革，其著述达1400万字，结集为《饮冰室合集》。

梁启超一生波澜壮阔，四海为家，他生命的最后一段历程却是与南长街紧密相连的。近年公开的"南长街54号"梁氏档案，不但是梁启超研究资料的新发现，也是对南长街54号的真实历史还原。

北长街89号——柳亚子点点滴滴

柳亚子出生于江苏吴江大胜村的一个书香门第,从小随母亲学习古诗,16岁中秀才。他以一介文人加入同盟会和光复会,终其一生用文字为革命摇旗呐喊,在推翻帝制、宣传抗日、反对国民党独裁中声名赫赫,其创建并积极参与活动的"南社""新南社",团结了一大批当时中国的进步文人,具有深远的历史影响。

柳亚子

柳亚子的诗词激情豪迈、沉郁深婉、旗帜鲜明、名闻遐迩,但中国人熟悉这个名字更多源于他与毛泽东的诗词唱和。

国共合作期间,毛泽东即与柳亚子相识,后者从此对毛泽东充满了敬仰之情。1945年8月,毛泽东在重庆与国民党和谈期间亲自拜访柳家。柳亚子向毛泽东索诗,毛泽东先是给了他《七律·长征》,又在分别前将手写的《沁园春·雪》送给他。柳亚子展读后赞叹毛泽东为"中国有词以来第一作手"。

兴奋之余,柳亚子步毛词之韵做了和词:

廿载重逢,

一阕新词,

意共云飘。

叹青梅酒滞,

余怀悃悃,

黄河流浊,

举世滔滔。

邻笛山阳,

伯仁由我,

拔剑难平块垒高。

伤心甚:

哭无双国士,

绝代妖娆。

才华信美多娇,

看千古词人共折腰,

算黄州太守,

犹输气概,

稼轩居士,

只解牢骚。

更笑胡儿,

纳兰容若,

艳想浓情着意雕,

君与我,

要上天下地，

把握今朝。

中华人民共和国成立，从香港回归的柳亚子当选为中央人民政府委员，1954年又当选为第一届全国人大常委。1950年国庆一周年，中共中央在中南海怀仁堂举行盛大歌舞晚会。柳亚子诗兴大发，写下了那首著名的《浣溪沙》："火树银花不夜天。弟兄姊妹舞翩跹。歌声唱彻月儿圆。不是一人能领导，那容百族共骈阗？良宵盛会喜空前！"

北上回到北京后，柳亚子先是在北京饭店和颐和园居住。1950年秋，全家搬入北长街89号（现在的北长街40号）。此地在故宫之西，东厢房紧靠筒子河，风景极佳。柳亚子堂侄柳义南回忆道，那是一个大四合院，中间三间正房，宽敞高爽，前廊后庑，正屋两侧有耳房两间。柳亚子夫妇住西侧耳房，三间正房的西边一间是铺设了地板的会客室，中间一间的花砖地上，放了两顶大书橱，靠东一间是柳亚子的书房。正房外面的大院子铺着平整光洁的大方砖，两边东西厢房各三间，为柳亚子女儿的住所和厨房，旁边还设有锅炉房。院子靠东墙有带阳台的小门，开门在阳台上凭栏眺望，故宫筒子河和红色城墙别具风光。大院南边六扇绿色屏门外，又有一个小长院子，对面五间南房分别是大司务和警卫人员的卧室、墙门、传达室和休息室，小汽车可以从北长街进胡同直接开到朱红漆大门门口。

乔迁新居的柳亚子心情欢愉，热情接待各方友人。何香凝、廖承志、瞿秋白夫人杨之华、邵力子夫妇、张治中夫人、黄炎培夫人、李公朴夫人都是柳宅常客。有一天，茅盾、赵丹、金绍先、于立群等拜访柳亚子新居，茅盾在柳亚子和词"君与我，要上天下地，把

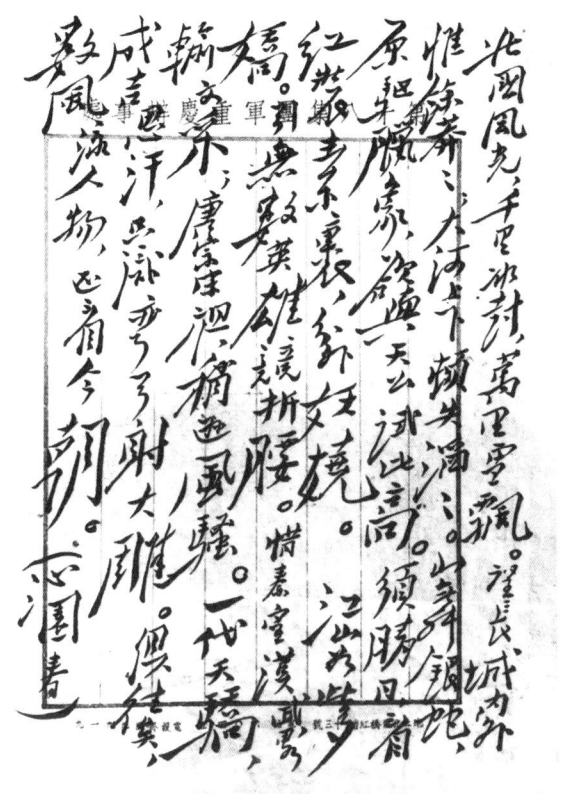

毛泽东抄录并赠与柳亚子的词手迹

握今朝"一语中，取"上天下地"四字，题写了"上天下地之庐"六字。1951年2月7日，毛泽东主席又亲笔为柳亚子先生题了"上天下地之庐"六个大字。柳亚子把毛主席的题字制成匾额，悬挂在客厅正中。

柳亚子在北长街的前几年，身体健康生活充实。但随着年龄增长，精力逐渐衰退，多种病发，直到最后步履艰难、卧床不起。1958年6月21日，柳亚子在北京医院与世长辞，从此永远告别了给他带来温馨愉悦的北长街，长眠于八宝山革命公墓。

柳亚子

柳亚子（1887—1958），江苏吴江黎里镇人，著名革命文学团体"南社"创建人，曾任国民党中央常务委员兼监察委员会主席、民主同盟中央执行委员。中华人民共和国成立后，柳亚子历任中央人民政府委员、全国人大常委会委员。

柳亚子自1949年3月从香港到达北平后，先后在北京饭店和颐和园居住，1950年9月21日搬入北长街89号，去世之前近8年的时间一直居住于此。

北长街 44 号——李大钊和女一中

"女中学如一炉火,均平锻炼文武合。五金同化共陶融,分析俱平妥。后日铸良材,今天先担荷,何况是神京第一!聪强慧可,械朴菁莪。……"

一六一中学北校区

"紫禁城西太液池边,有我们美丽的校园。是谁在黑夜播下火种,我们不忘革命前贤。严明校纪,严肃学习,严格训练,迎来这春满校园。……"

两首校歌,相隔百年,将民国女一中和北京一六一中学紧紧联系在一起。

一六一中学在北长街路西,现在的门牌为北长街113号。一六一中学被故宫、中南海、北海公园团团拥抱,地理位置优越,历史渊源更令人称羡——它的前身"北京女一中",与中国共产党创始人李大钊有着深切的关系。

民国建立后,教育部总长蔡元培提出了符合共和精神的教育方针和措施，建立京师学务局，清理私塾，学堂改称学校，女子教育也有了可喜的发展。1913年，京师学务局在宣武门内鲍家街创建京师公立第一女子中学。1926年，在该校任教的李大钊先生从北洋军阀手中为学校争得原清内务府会计司南花园旧址，也就是现在的北长街44号（今北长街113号），作为新校舍。1928年学校改名为北平特别市市立第一女子中学，1931年改名为北平市立第一女子中学。

李大钊先生于1919年秋开始在女一中任教，教授"社会学"和"女权运动史"两门课程，为学生们灌输新思想，激励她们对独立自由和革命的向往。李大钊先生曾指导学生们排演话剧《孔雀东南飞》，以舞台演出的形式揭露封建伦理的罪行。1921年春，《孔雀东南飞》在座无虚席的教育部礼堂连续4天公演，观者踊跃，轰动一时。

受恩师影响，李大钊在北京大学的许多学生也来到女一中任教，传播革命思想。

女一中也培养了许多杰出校友——电影艺术家张瑞芳1931年至1935年在校读书时，就是女一中戏剧研究社的主要成员；邓小平同志的伴侣卓琳是比张瑞芳晚一年的校友；郭明秋在女一中

一二·九运动中的女学生

上学时领导过"一二·九"运动；著名营养学家、陈云同志的伴侣于若木1935年至1937年也在女一中学习……

1952年，女一中改名为北京第一女子中学，1966年开始男女生兼收，1972年改名为北京一六一中学。1986年，女一中时期的校友于若木请陈云同志为学校题写"北京一六一中学"校名。老校友依然迷恋着老校名，她们把"女子"二字合成一个"好"字，称为"北京第一好中学"。

李大钊

李大钊（1889—1927），河北乐亭人。中国共产党的创建人和早期卓越的领导人，也是学识渊博的著名学者。20世纪20年代，李大钊经常在北长街上行走。在他的启蒙下，中国最早的一群女学生，认真学习文化，积极投身革命，谱写了一曲曲振奋人心的青春之歌。

李大钊

北长街 56 号——张奚若和他的朋友们

北长街 77 号院（后改为 56 号）的大门是朱红色的，开在大院西南角。走进厚厚的红门，种满花草树木的前院令人心旷神怡。由此通过甬道到西小院，三间耳房前，春天花香四溢，夏日林荫笼罩。甬道的

北长街 56 号

尽头是主后院，有独立院墙和院门，院内一排青砖灰瓦木地板的大北房，从东向西分割成相通的书房、客厅、带热水的卫生间和主卧室。

紧邻筒子河的东房最是宽敞明亮、赏心悦目。开窗便见波光粼粼，水面上低飞的家燕，黑翅黑背白胸。夕阳西下，故宫的黄瓦红墙在蓝天白云下闪耀着落日余晖。

东房的两面墙边摆放了 12 个一人多高的书架，书架上大多是外文精装书，除了洛克、卢梭、派恩，还有德文《资本论》及其英译本。另两面墙边，几个落地的封闭式书柜镂刻着《资治通鉴》《金石索》《三希堂法帖》和《二十四史》。屋里的家具和书一样中西合

壁，西式沙发写字台，中式条案官帽椅。写字台上既有中式砚台，也有放着钢笔的笔筒。北房房廊前有两大块青苔地，房廊上摆几张藤椅和茶几，是亲朋好友谈天说地的绝好所在。

也只有文人，才会把最舒适的房间设成书房而不是其他吧。自从这一家1952年搬入大院，金岳霖、周培源、钱端升、邓以蛰、丁西林便成了北长街56号的常客。大院女主人杨景任毕业于苏格兰大学，爱说爱笑爱朋友，用一口活泼泼的陕西话迎来送往。金岳霖先生寥寥几笔，就描绘出这位大家闺秀作为主妇的欢实可爱："她是英、美人所说的 womanly woman（女人中的女人），这实在是封建社会遗留下来的社会性。要看她这一方面的性格，最好是听她同萧叔玉太太的谈话，两人都争分夺秒地谈，由赵、钱、孙、李到黄焖鸡到红烧肉。"

留学时的张奚若

张奚若杨景任结婚照

杨景任的丈夫,也就是这家的男主人张奚若先生,则严肃端方、沉稳厚重,言谈举止里满满知识分子任重道远的使命感。用老朋友的话形容,其人虽然和蔼可亲,性格却"完全是四方的"。

这样两位个性相差很大的人,能从相遇相知到相依为命,这一生一世的姻缘要从张奚若参加辛亥革命说起。

张奚若生长于陕西,19岁在上海结识了于右任、杨西堂等陕西籍前辈,参加了同盟会,为推翻帝制四处奔波,饱经风霜。杨西堂赏识这位年青人的才干,将长女杨景任许配给他。

有感于革命中的种种惨痛经历,为了使中国"更现代化一点",从1913年到1925年,张奚若在美国和欧洲求学,对欧美各国民主制度的历史和现状做了充分的研究与观察。为播下现代政治的种子,他1925年回国后以教育为职,先后在中央大学、清华大学和西南联大任教,成为中国政治学权威。

20世纪30年代清华大学开山立派的一代宗师 左起:施嘉炀、钱端升、陈岱孙、金岳霖、周培源、萨本栋、张奚若

西南联大政治学系的学生大多记得他们这位系主任的教导：如果你们来念政治学系的目的是想做官，那你找错了地方！张奚若告诫学生：当一个社会改革家为上策，当一个正派的政治学者为中策，如果这二者都当不成，就当个普通人，趋炎附势钻营求官为下策。

他以一生践行着自己的原则——给辛亥革命买军火，当面顶撞蒋介石，为解放军带路，保护京城古建筑……闻一多、李公朴被暗杀后，他冒着生命危险在联大图书馆前大草坪对国民党政府的抨击，至今听来依然慷慨激昂，荡气回肠！好友徐志摩曾用岩石赞赏奚若先生的刚直不阿："他的品性是硬的，有一种天然不可侵不可染的威严；他的意志，不用说，更是硬的。他说要做什么就做什么，他说不做什么就不做什么；他的说话也是硬的，直挺挺的几段，直挺挺的几句。"

中华人民共和国成立前夕，张奚若作为新政协筹备委员会常委，不仅力主将《义勇军进行曲》定为国歌以警示国人，还在有关国号的激烈争论中，提出以"中华人民共和国"为国号。他以政治

新政协筹备时期，张奚若与周恩来一起挑选国徽

学家的严谨对此做出令人折服的解释：民主一词来自希腊字，原意与人民相同。人民这个概念已经充分表达了民主，就叫中华人民共和国吧。此论一出，众议平息，可谓一锤定音。

开国大典，中央人民政府委员会委员张奚若登上天安门城楼。在中国人熟悉的纪录片里，当毛泽东主席宣告中央人民政府成立时，那位让出位置把沈钧儒先生换到镜头前的老先生，就是张奚若。

1949年后，张奚若担任中国人民外交学会会长和新中国第二任教育部部长。1973年7月18日，坦诚耿直，集志士与学者于一身的张奚若在北京去世，享年84岁。

张奚若

张奚若（1889—1973），陕西大荔朝邑镇人，中国著名政治学家，"中华人民共和国"国号的提议者。张奚若早年加入同盟会，后赴美国哥伦比亚大学，获政治学硕士学位。1925年回国后曾任清华大学和西南联大政治学系主任及新中国第二任教育部部长、中国人民外交学会会长等职。

张奚若

张奚若一家1952年搬入北长街56号院，一直住到1973年他去世。

至暗时刻——王冷斋的七七不眠之夜

1937年7月7日深夜，在北平南长街一所精致的宅院里，劳累了一天的男主人沉沉入睡。他就是北平市政府参事、宣传室主任、宛平专署督察专员兼宛平县县长王冷斋。在日寇大军压境步步紧逼的形势下，身处风口浪尖上的王县长每日上午到宛平县署办公，午后回北平市府审阅稿件，晚上回家常常身心俱疲。南长街宅院，是严酷环境中王冷斋最温暖的港湾。

王冷斋七七事变后留影

王冷斋

宛平县县长王冷斋举行记者会

突然,刺耳的电话铃打破了夜的静谧,将睡梦中的王冷斋惊醒了。

电话那头,是国民革命军第29军副军长兼北平市市长秦德纯急促的话语:日本特务机关向我方提出交涉,声称有日本陆军一中队在卢沟桥演习时,失落士兵一名。日本军队今夜要进宛平城搜索,已经被我方拒绝。

王冷斋按秦德纯命令,迅速查实中国军队并未开枪,也未发现失踪日兵的踪迹。他将真实情况向市府报告后,便匆匆离开南长街的家。王冷斋没有料到,这一去,他将成为中国近现代抗击外敌史上最悲壮一幕的第一参与者和见证人。

夜幕里踏进位于台基厂的北平日本特务机关,王冷斋与对手

昔日的王宅已是中石油职工宿舍

朱门犹在，杂物横陈

今日王宅内景

一番唇枪舌剑后，和日方人员一起乘车驰往黑云压城的宛平进行调查。在随后发生的"七七事变"整个过程中，王冷斋以非凡的气节胆量维护了民族尊严和国家利益。面对日方种种刁难威胁和冰冷的枪口，这位瘦弱的书生昂然挺立、寸步不让，坚拒日军入城要求。8年后的东京国际法庭，在庭审形势对中国极为不利的关键时刻，又是王冷斋，以"白金级"证人的身份大义凛然走上证人席，用翔实的证据向全世界控诉日军首先炮轰宛平城、炸死炸伤无辜百姓的罪行，为中国人民讨还血债、伸张正义立下了不朽功勋。

历史，因此永远记住了宛平县长王冷斋和他七七之夜离开的南长街王宅。

王宅建于20世纪30年代，在南长街路东、中山公园西门北面，东面靠河。据邓云乡先生记载，王宅临河一排房大约有八九间之多，西式大窗，推开便是水面，角楼、宫墙、宫柳、公园柏树林一览无余。这座宅子不是标准的四合院，但布局合理、情调优雅。大院分为四个小院，进大门是宽敞干净灰砖铺地的外院，有西房南房，是司机门房听差的活动场所。左手穿过短墙小月亮门，是一个自成一体的精美小三合院。穿过外院至东院，是幽雅的外客厅。从左手垂花门进东院内院，是一排西式屋门的房间，透过房间东面的大窗，宫阙倒影、黄瓦翠柏，尽收眼底。为了水边防潮，这排房屋全铺地板，每三间有玻璃隔扇隔开，全部打开，便可成为一上百平方米的长形大厅，如果夏日开家庭舞会，那真是再好也没有了。

然国之不存，何以家为？王冷斋未能在自己精心修建的宅子居住多久。"七七事变"后，他率领宛平军民浴血战斗，终因实力悬殊，宛平陷落敌手。王冷斋随部队撤退，永远告别了南长街温暖舒适的家。8年抗战，王宅被敌伪汉奸霸占，后又成为傅作义部下楚溪春将军的住所。1949年8月，邓云乡先生经手，以1600匹布从楚溪春手里买下这所院子，南长街王宅成了燃料工业部高级干部宿舍。

今日王宅变为中石油职工宿舍，朱门依旧，进入院内，却已是典型的北京大杂院风情。

王冷斋

王冷斋（1892—1960），福建闽侯人，毕业于保定陆军军官学校，后从事文化工作。1937年任河北省第三区行政督察专员兼宛平县县长。中华人民共和国成立后，任第二、三届全国政协委员，北京市文史馆副馆长，中央文史馆馆员，1960年在北京病逝。

王冷斋老宅

北长街女一中——惊鸿一瞥石评梅

1928年初,在著名女作家庐隐的邀请下,石评梅来到北京市立第一女子中学(简称女一中)任教。

早在1924年,石评梅就在女一中兼课。孙中山北上共商国是时,她受李大钊、高君宇指示,组织女一中部分学生到前门车站欢迎孙中山先生。时隔四年,重新回到女一中的石评梅经历了生命中最沉重的打击——三年前,她失去了挚爱高君宇,天人相隔,唯有每个周日去爱人墓前哭祭。半年多前,她的精神导师李大钊被张作霖秘密杀害,未来走向何方,无从把握。石评梅陷入无法自拔的悲伤和茫然中。

庐隐当时担任女一中校长。作为石评梅的好友,庐隐深深了解这位民国才女敏感细腻的内心世界。她将石评梅挽留在自己身边,希望新的环境可以减轻她心中的哀伤。石评梅不负友人关心,努力用工作排遣痛苦。她不仅认真教学,还在业余时间帮助庐隐编辑《女一中季刊》,整理高君宇遗稿,准备编辑发表。

女一中校园原址为清朝内务府会计司的南花园,紧挨着中南海东墙,与紫禁城一水(筒子河)之隔,校园里古松荫深如云,花畦、

一六一中学校园里的高君宇、石评梅雕像

竹篱、月亮门和花神殿将园子点缀得古色古香,优美入画。工作闲暇,石评梅偶尔会散步园中,舒缓身心。

然而,长期的精神煎熬严重损毁了石评梅的健康。1928年9月30日,年仅26岁的石评梅因病医治无效离开人世。庐隐主持石评梅追悼会,与女一中学生一起,送石评梅最后一程。朋友们将石评梅安葬在陶然亭的高君宇墓旁,墓碑上刻着"春风青冢"四字,后人称之为"高石之墓"。

斗转星移,从前的女一中成为今天的北京一六一中学校园。石评梅寄居的花神殿已经了无踪迹,她和高君宇的塑像却矗立校园,欣慰地注视着朝气蓬勃的学子们,朝朝暮暮。

石评梅

石评梅（1902—1928），山西平定人，毕业于北京女子高等师范学校，是中国女子教育的先行者和"五四"时期著名女作家。石评梅才华横溢，著作甚丰，她与中共先驱高君宇的生死恋情感动着世代国人，已经成为永久的传奇。

石评梅曾在北长街的北京市第一女子中学任教。这座古色古香的校园，留下了石评梅最后的倩影。

石评梅

南长街28号——林海音的静好岁月

还记得《城南旧事》里的小英子吗？那个梳着娃娃头、大眼睛、圆脸蛋的女孩。透过她纯真的双眸，我们看到老北京的魅力风情和人间悲欢，感受到了淡淡的相思和哀婉。远在台湾的林海音，用悠悠的叙述将我们领进20世纪20年代的老北京，将童年记忆永远定格在娓娓道来的《城南旧事》里。

告别了城南童年，失去了父亲的林海音开始在北平独立打拼，从新闻专科学校毕业即担任《世界日报》的记者、编辑。在西长安街的报社，林海音遇到终身伴侣、前北洋政府国务院秘书长夏仁虎之子夏承楹。1939年5月13日，林海音和夏承楹在东单三条协和医院礼堂举行婚礼。进入了一个人口众多的大家庭，林海音以她的善良明理，赢得了夏家上上下下的满意。

抗战结束，夏承楹重新开始媒体工作，主编《华北日报》和《北平日报》副刊，林海音也回到《世界日报》担任编辑。在位于永光寺街的夫家生活了6年多的林海音夫妇搬到南长街28号，开始独立生活。从1945年到1948年，林海音一家就住在这里。

新家地理位置得天独厚。一所小三合院，东面是中山公园，北面是北海，西去是中南海。温馨静谧的院子里，厨房在西边；书房在南边，北房做了卧室。林海音用心打理自己舒适优雅的小家，在房间里铺了地毯，布置了缎面沙发、硬木矮几和仿古花纹的窗帘。夏日炎炎，院里的大槐树绿荫如盖，带来阵阵清爽。林海音夫妇在树影婆娑的碧纱窗前阅读写作。黄昏时，他们会去太庙或中山公园，在静穆的松林下，倚一张藤椅，捧一本闲书，品几杯香茗，听夏蝉长鸣，直到繁星满天。

林海音非常喜欢紧傍故宫的南北长街，唯有这个地带，才能享受到北京蔚蓝天空下看红墙的乐趣。住在南长街的几年，出门无论到东、西、南、北，都会看见这样朱红的墙。冬日雪后初晴，经过北长街，走上北海和中海之间的金鳌玉𬟽桥，看到白雪覆盖的冰面上滑冰人飘逸优美的姿态，已为人母的林海音顿感兴奋，赶快回家去，取了冰鞋也来滑一会儿！

夏承楹林海音夫妇新婚照

岁月静好，然世事无常。大陆战火纷飞，北平局势动荡。在亲戚劝说下，林海音和夏承楹决定举家迁居台湾。1948年11月，林海音夫妇带着林海音的妈妈、弟弟妹妹和3个孩子，在南苑登上了飞往上海的飞机，从上海转道台湾。当离别的飞机盘旋在北平上空时，林海音最后望一眼这座"闭着眼都能走回家"的古城，看到协和医院的绿琉璃瓦屋顶，心顿时颤抖，仿佛离开多年抚育的乳娘。

林海音夫妇爱去的中山公园

"不能忘怀的北平！那里我住得太久了，像树生了根一样。童年，少女，而妇人，一生的一半生命都在那里度过。快乐与悲哀，欢笑和哭泣，那个古城曾倾泻我所有的感情，春来秋往，我是如何熟悉那里的季节啊"！[1]

很多年后，林海音的女儿夏祖丽回到了母亲魂牵梦萦的地方，她写道："寂静的下午，我站在南长街的小方院里，这个小四合院已经分配给几家居住。大槐树没了，临街的门槛还在。我明白了，当年宋妈为什么老爱抱着我坐在这儿，因为对面就是中山公园的边门，南、北长街又是一条繁华的街道，人来人往，多热闹呀！"[2]

而今，林海音已经去了另一个世界，南长街28号老宅，也消失得踪迹全无了。

---

[1]《林海音文集》，江苏文艺出版社2011年10月1日。
[2] 夏祖丽：《世界文学经典文库：城南旧事序言》，长江文艺出版社2013年5月1日。

林海音

　　林海音(1918—2001)，台湾苗栗县头份镇人，生于日本大坂，3岁随父母返台，5岁来到北京。1945年，林海音一家搬到南长街28号。1948年，林海音告别南长街，举家迁往台湾，在台湾仍以写作、出版为主，有台湾文学"祖母级的人物"之称。

林海音

担任《世界日报》实习记者时的林海音（下）

西角楼下——刘炳森的笔墨春秋

1952年，刘炳森15岁，是天津三中的学生。

他走进天津一家书店，闲逛翻阅时，目光盯在了一张小画片上，那是董寿平先生的《天都云汇图》，精湛的笔墨，灵动的气韵，深深地迷住了这位酷爱书画艺术的少年。他久久站在那里，买，还是不买，再次成为困扰身心的大问题。

少年刘炳森

刘炳森出生于上海，曾就学北平。因父亲去世，年幼的他随寡母回到故乡武清县大良镇海自洼村，在村里受教于塾师。天资加努力，刘炳森12岁就以一笔好字成为十里八村的名人。他渴望学习提高，但书店里的书画字帖对贫寒少年来说，从来都是可望不可即的宝物。

最终，刘炳森掏出了一毛钱的伙食费，小心翼翼捧着画片走出书店。他饥肠辘辘，心里却充满了喜悦。这张小小的《天都云汇图》

从此伴随刘炳森一生，直到去世，又传给他学习国画的长子。

几年后，刘炳森考入北京艺术学院美术系中国画山水科，成为董寿平真正的学生。亲耳聆听先生的传授，再加上其他老师的悉心指点，他的画技突飞猛进，其才气犹如决堤之水，一发不可收拾。

刘炳森的画自成一体，无论山水，抑或梅兰竹菊，都见真功力。但使他名满天下的，却是书法。刘炳森对书法的痴迷，到了做梦都在临帖练字的程度——无论是在工作的故宫，还是在居住的故宫西角楼宿舍，他每日坚持右手执笔，左手反扣背后，冬练三九，夏练三伏，终于练就了左扣右挥、得心应手的好功夫。无论篆、隶还是楷、行、草，他都这样去写，当代书家有此功力者，凤毛麟角。

刘炳森以隶书立足当代书坛。在坚实的传统功力基础上，他能够不落窠臼进行创新，形成凝厚稳健又俊逸潇洒的个人风格，在当代中国书坛上独树一帜，"刘体隶书"蜚声海内外。他20世纪70年代所书隶书字样输入电脑，已为国内外广泛使用。

刘炳森国画作品

老百姓熟悉刘炳森，则与他写了众多的牌匾有关。毫不夸张地说，有黄种人居住的地方就有刘炳森的字。从北京的"北京市百货大楼""北京友谊商店"到老版"户口簿"、中央电视台的金字，再到各地的宾馆、企业，他写的牌匾遍地开花。刘炳森曾笑道："有人

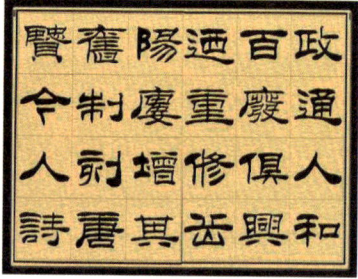

刘炳森书法作品

1971年刘炳森进行书法创作

1974年夏刘炳森全家合影

1988年在作品前留影

在故宫工作的青年刘炳森

说我除厕所没写过外,什么都写遍了。实际上,北京环保局还真请我写过'男厕''女厕'呢。"

在书法界,刘炳森是出了名的质朴厚道。不论年龄大小、职务高低,他对所有人都一视同仁、以诚相待。有一次坐出租,刘炳森和司机说去三里屯的东湖别墅。司机师傅训斥他:没有东湖别墅,那是东湖别野!刘炳森没有立即驳斥,下车付款后热心地说:"同志,那个字真的不念野,不信,你回去翻翻字典……"

2005年2月15日,正在艺术成熟期的刘炳森因病去世,永别了世界。他的书画作品和人品却熠熠生辉,长留人间。

刘炳森

刘炳森(1937—2005),祖籍天津武清,中国著名书法家。1962年从北京艺术学院美术系毕业后,即开始在故宫博物院从事古代书法绘画的临摹复制和研究工作,曾任北京故宫博物院研究员、中国书法家协会副主席、中国文联副主席、全国政协常委、日本白扇书道会顾问等。

20世纪70年代末,刘炳森于西华门故宫宿舍研究古代碑帖

20世纪50年代,故宫从北向南沿着故宫城墙和西筒子河,为职工盖了一片家属宿舍。1962至1982年,刘炳森的家就在这里。

北长街 90 号——吴小彦同学的微笑

北长街住有不少名人。但令我至今难忘的是吴晗的养女、我的同学吴小彦。

吴晗（1909—1969）是中国现代明史研究开拓者和奠基者之一，曾在云南大学、西南联合

吴小彦和弟弟

大学、清华大学任教。20 世纪 50 年代初他担任北京市副市长后，全家从清华园搬到北长街 90 号（今北长街 38—40 号）居住。吴晗夫妇膝下无子，他们从孤儿院收养了一双儿女，弟弟吴彰，姐姐就是吴小彦。

吴小彦是北长街小学学生，她文静秀气，没有一点干部子弟的优越感。北长街大杂院的两位同学和她组成课外学习小组，以吴家作为学习地点。

吴家宅院为三进四合院建筑。一进院有几间为值班人员工作和

休息的倒座房。一进院与二进院之间有道月亮门。二进院为主院，有北房和东西厢房各三间。北房为吴晗夫妇及养子女吴小彦、吴彰居住，房前植有两棵海棠树；西厢房为吴晗的书房；东厢房为活动室，内有一张乒乓球案子。西厢房后面有条通往三进院的通道。三进院为花园，里面有葡萄架和柿子树，另有一间车库。学习之余，吴小彦和同学们经常在花园玩耍。养母袁震对孩子们非常客气，常常让保姆送点糖果之类的小食品分给大家。吴晗由于担任政府及学术上的职务，非常忙碌，见了小同学往往是点头微微一笑。

渐渐地，吴小彦也融入北长街大杂院孩子的群体，经常参加小朋友们的各种游戏。1965年秋季，吴小彦邀请我和其他同学到她家花园摘柿子，当时她十一二岁，梳着两条辫子，肤色略微发黑，说话慢声细语，玩开心了，便露出淡淡的笑容。那天正好吴晗先生在家，我与吴晗先生也就有了一面之缘。

世事变幻，吴晗、袁震夫妇后来相继去世，小彦再不是父母的掌上明珠。1967年夏季，我们北长街小学的十多位同学到四季青公社劳动锻炼，吴小彦也报名参加。此时的吴小彦面容憔悴，眼神忧郁。她默默和同学们在菜园子里面拔草，给小苗施肥，中午休息时，低着头跟在同学后面到食堂就餐。不久，村里的孩子得知了吴

今日北长街38号

行走在北长街的学生

小彦的真实身份，喊着口号来到宿舍前示威。吴小彦躲在墙角，悄悄流眼泪。为了吴小彦的安全，老师在夜深人静的时候送吴小彦回了城。从此，我再也没见过这个女孩。

作者：亚穹

第四章
闲话长街柴米油盐

民国伊始，随着显要们进住的脚步，平民百姓也涌入开放了的南北长街。

肃穆的长街，从此有了民间市井风情——热热闹闹的大杂院；柴米油盐烟火味儿；树荫下摇着蒲扇话家常的老人；胡同里追逐玩耍的孩子；游商小贩走街串巷的吆喝声，抑扬顿挫，深长悠远……

对于游客而言，长街承载的是厚重的历史和特有的文化韵味，但对这里长大的孩子来说，长街每一块墙砖瓦砾，都寄托着他们刻骨铭心的乡情和说不完道不尽的趣事逸闻。此刻，让我们沏一杯香茶，觑着那袅袅娜娜的香雾，倾听长街子弟讲述老百姓自己的事情。

我与南长街

我出生于1934年1月。从1944年3月至1946年12月居住在南长街，先后住过养廉胡同5号、南长街26号和养廉胡同8号。

70年前，在南长街现在灰墙围起的那片地方，曾经有过形状各异的平房，里面住着各种各样的人家，发生了许许多多的故事。

一、养廉胡同5号和南长街26号

1944年我10岁，母亲带着我和妹妹从南城搬到南长街养廉胡同5号我大哥大嫂家。这是个独门独院，一进大门，院子里有一棵大榆树，夏天树荫蔽日。北房两间东房一间，相互之间都通着，中间有过渡的小房间。北房、东房各有一个通向院子的门。

母亲带我和妹妹住在小一些的北房套间。这套房子是大嫂的三哥买来装修好，借给大嫂住的。三哥喜欢音乐，我们住的四四方方的房间，墙壁上方与天花板连接处画着五线谱。可惜当时我什么也不懂，就记得大嫂说上面的音符是一首贝多芬的曲子。大哥大嫂的房间墙上，挂着一个褐色多棱面体的贝多芬头像，我当时看着那个

拆迁前的养廉胡同

头像有些害怕,所以印象很深。

在这里,我用大嫂的自行车,靠在南墙上自己慢慢练会了骑车……后来大嫂要生小孩了,1944年底我们就搬了出来。租住在南长街26号。

南长街26号是座带有一间庙堂的大杂院,房东是位孤老头,就住在庙堂里。庙堂坐北朝南,里面有一座高高的泥塑佛像。这个庙堂没有人来朝拜,没有香火,光线很暗,有些阴森。我从没进去过,一是害怕,感觉没什么好看的,二是妈妈不准我们去。

庙堂西边的三间房租住的是一家日本文职人员。庙堂的东边,靠北朝南有一间房,租住着一位单身年轻日本画家,画家每天背着个画架,早出晚归;南边的东屋租住着一家穷苦的中国百姓,家里

南北长街大杂院

有一个和我差不多大的女孩，身材单薄，长着一双乌黑的大眼睛，平时不吭声，不玩笑。她家人口多，有小弟弟小妹妹，不仅没有条件上学，还要帮助家里干活。我们经常看到她用布包背着小弟弟忙碌家务事，每天早上起来，挎个篮子外出捡煤核，他家烧的煤就靠她捡来。

我家住的小屋是后来搭建的，大约6平方米，斜对着女孩家。租金多少钱我没概念，肯定比较低就是了。那是抗日战争时期，我父亲辗转到四川，在大学任教，工资常常无法及时给我们，家里生活困难，我们只能寄居在这小屋里。院子大门在东南角，我家门离院子出口最近，进院就直接进自己家。为了安全，也怕惹出不必要的麻烦，妈妈不准我们到日本人住的后面院子里。

二、油画肖像和照片

一天，后面住着的日本画家来我家，说他准备回日本办画展，要给我画一幅油画像参加展出，并且答应展览完毕后把油画送给我。妈妈同意了。他于是让我坐好，给我几颗糖，开始为我画像。这幅油画肖像展出后，画家在抗日战争胜利前后再次来到中国，如约把画像送给我，我一直存留至今。几十年过去，原装相框已经残旧，油画也褪色了，但它和我们姐妹合影一样，承载的是苦难乐趣同在的童年记忆。

童年肖像

和妹妹当年去拍照的情形，现在想起来还历历在目。我带着妹妹高高兴兴地去了照相馆，那时的照相馆里面，备有各种背景道具供选用。我们选了带斜格子的墙做背景，又放了一个长方形的灯，最后拿来一个白色栏杆手扶着。姐俩摆好姿势拍了个合影。取回照片，我们给远方的父亲和二哥寄去了一张。二哥回信说，没想到妹妹们都长大了，漂亮了。二哥的赞美使我们很高兴。有一次不记得为什么，我和妹妹吵架了，她一气之下，拿起剪刀就剪照片，边剪边说，我不跟你在一起了。我赶忙抢过照片，还好，只在下面剪了一条缝，没有剪到照片上面。好险！

日本投降后，院子里的两户日本人收拾东西准备回国。西屋的主妇把一个书架拿来送给妈妈。那是一个木质很好、样式不错、做工精细的书架，本身都是榫卯结构，没有钉子。书架后来归我，一直放在我的房间里，多少年了，现在还能做个物件使用。

三、沦陷的童年

日本人占领北平的日子，不堪回首。

1944—1945年冬天，天寒地冻。在那6平方米的小屋里，我们母女三人睡在一个大床上。天气太冷了，家里没钱置办安全的取暖设施，睡觉前，妈妈把放在外面做饭用的煤球炉子搬进屋里。炉子快要灭火了，本以为取一下暖就会灭掉，便没有再搬出去。谁知下半夜妈妈突然感觉恶心、头疼，她意识到可能中煤气了，赶紧推我和妹妹，这时的我们已经没有了反应。妈妈急了，想起床，但已经没有力气起来，她就拼命滚下床来，在地上推开了房门。幸亏房子简陋，没有加锁，一道缝隙进来了新鲜空气，我们获救了！

妈妈赶紧把我们叫起来吃白菜心、喝醋，说是这方法可以解煤气中毒。

夏天为了省煤，妈妈每天早上生好一炉火，先做一锅掺着黑豆的玉米面窝头，再烧一壶开水，灌满一暖瓶，其余晾凉，一炉火也就差不多熄灭了。这就是一天一家三口的吃喝。为了通风，窝头放在一个篮子里，用布盖好，挂在门前房檐下，要吃一天呢。天气最热的时候，晚饭的窝头一掰，就拉黏了，闻闻没有馊，也就这样吃下去了。

沦陷中的北平，吃大米违法，面粉根本见不到买不起，配给老百姓的粮食就是混合面、豆饼、花生饼。混合面吃了大便干燥，孩子们都不吃。家里存点玉米面的能吃上窝头，有时也吃花生饼（就是榨花生油后，除去花生酱，把再榨后剩下的喂牲口的渣滓压成饼），毕竟花生饼比豆饼好吃一点点，略细一些。嚼起来还有点香，为了充饥，我们时不时啃一些。

即使这样困苦的日子，也难以为继。父亲工资寄不过来，母亲就不得不把值点钱的东西，比如皮衣、毛毯之类，从箱底翻出来，用一个包袱皮小心包好，带着我去当铺。记得那高高的柜台，我要踮着脚抬着头才能看见。柜台上面是铁栏杆，有个类似窗口的地方，柜台里面的人接过妈妈递上去的包袱，把毛毯翻过来调过去反复查看，然后开个价，妈妈要求再高一点，不断讨价还价，最后成交。他们先收走了我家的毛毯，不一会儿交给妈妈一张印着蓝边用毛笔竖着写的当票和一些钱。妈妈小心翼翼地收好了钱和当票，带着我回家了。渐渐地，我们家积存了一叠当票。后来我才知道，当铺的高利贷时间越长，要的利息就越多。我们没有钱赎还，当票过期就成了"死票"，我们的毛毯再也没有赎回家……

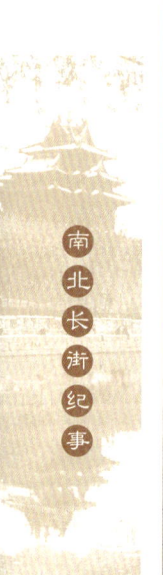

母亲曾经给我们展示过一个漂亮的匣子，大小约40×20×10（厘米），外面全部镶嵌着美丽的彩色贝壳、螺蛳壳。整个匣子工艺特别精致，非常华丽。那是我堂哥送给母亲的礼物，她很是珍惜，匣子里面放一些贵重物件，收存在皮箱里，从不摆在外面。我们也就是在妈妈取出来时看到过有限的几次，觉得这匣子好像是个宝盒，又漂亮又神奇。有一天，妈妈把它取出包起来，带出了家门，回来时拎着一口袋玉米面，却没有了漂亮的贝壳匣子。妈妈忍痛把它卖掉了，只是为了一家人的活命。

里院西屋日本邻居家主妇，带着毛线找我母亲给她和孩子织毛衣。作为回报，她给我们几斤大米。在那整天饥寒交迫的年代，能得到几斤大米实在太珍贵了（而且要悄悄地不敢让别人知道，因为当时中国人是不准吃大米的）。妈妈为了我们，答应了这位邻居。

她日以继夜地坐在床边（我们没有椅子）织毛衣，我记得那是白色的粗毛线，没有几天就织成了，给邻居送过去，她很满意。妈妈辛苦换来了难得见到的几斤大米，我们悄悄做了一锅香香的大米饭，母女三人没有任何蔬菜佐餐，就把一锅白饭全部吃光了。

四、童年童趣

对孩子来说，多艰难的日子也能找寻到童趣。

26号院位于南长街的西侧。我们院进出口和南边一个大院距离大街向里（西）凹进约十米。这凹进来的空地就是我们经常玩耍的"胡同"。

26号院南边的27号是个大院子，里面有假山、花园和洋房，镂花的铁大门很是气派。这院儿有一位年轻姑娘，听说是这里的三小姐，有点毛病，她的脖子特别短，耸着肩，人们给她起个外号"缩脖坛子"。每次她一出来，我们这些孩子就跟着瞎起哄地叫。有一天，一辆汽车停在门口，从里面下来一位身着旗袍、打扮时尚的妇女，款款走进了他们家。女士的脸略长，下巴尖尖的，可能是到这里做客或参加聚会。我们围在一边看，据说她就是京剧名角赵燕侠。

再南边的28号院子里住着一家日本人，他家有一个和我一般高的女孩，我们从不在一起玩耍。有一次她出来，我看周围没有大人，就推她一个趔趄，然后赶紧往回跑，听见她在后面哭，我感觉很得意。

凹进来的"胡同"北侧的25号院子里住着一家李姓人家，大人在邮局工作，有两个和我年龄差不多的小孩，大家常常在胡同里一起玩耍。记得在端午节前，我们用硬点的纸折叠成几个棱形为芯,然后把五颜六色的丝质坯子线(就是若干条为一缕没有捻过的细细的丝)搭配着缠在上面,最后把它们穿成一串,下面留点穗,上面做成一个套,挂在胸前的衣服上。端午节时,女孩儿佩戴上这样一串五颜六色丝缠的粽子串,感觉真是美极了。

作者(左)和妹妹童年合影

小孩子最盼望的就数过年。春节时,我带着妹妹逛厂甸。从南长街南口向西走到六部口向南,就到了和平门厂甸了。和平门大街上临时搭建了很多席棚,里面挂着各种年画,我和妹妹进去边看边走,穿过一个个席棚到厂甸。厂甸里面热闹非凡,有卖两米多长的大串糖葫芦,还有各式各样的风车。微风吹来,风车就滴答滴答地敲着小鼓。有一种红色玻璃做成的类似瓶子,底薄得很,用嘴吸吹发出声音,人们叫它"不不噔"。各种风味小吃摊子应有尽有,面茶啊,豆汁啊,其中捏糖人的最吸引眼球——在平板上画好各种糖动物,然后用一根竹签一粘一提离开了平板,就成了一个可以拿着吃的冰糖动物。我们没有钱,偶尔买一盘烙蒜肠吃,其他都只能看着玩。

五、中山公园欢乐多

童年玩耍最多的地方就是中山公园,对中山公园记忆最深的是那里的碎冰碴。

在南长街东侧 26 号向南的斜对面,有一处冰窖,积存着中山公园冬天从筒子河里采出来的冰块。那时没有电冰箱,夏天,这些冰块儿被凿成大约 30×40×30(厘米)的长方体冰块,再用车子运出去,供富人或单位做冰箱用。

这个冰窖有两个门,一个通向中山公园,另一个通向南长街。我们这些小孩子常常从南长街这个门溜进去,在地上捡凿冰掉下来的碎小冰块啃着吃,冰块儿嚼起来凉凉的,还有一种特别的感觉,很舒服。我们一边捡小冰核,一边溜进通往中山公园的门,到里面玩去了。

中山公园里有个一米多高约 100 平方米的台子。那里铺着红、黄、蓝、白、黑五个颜色的土,这个台子因此简称五色土。五色土的后面是中山堂,中山堂当时是一个图书馆。我喜欢去那里借些童话故事书,坐在那里看,一看就是一个上午。在那里,我读了安徒生童话、格林童话等等,受到了图书的启蒙教育,终身受益。

那时中山公园有个露天音乐堂,就是一大片空旷场地,前面一个大台子,下面有若干排没有靠背的长凳。周围是小土坡,用一些蒺藜、旧铁丝网略做围墙。晚上这里放露天电影。大人不给钱买票,周围居住的小孩子只能结伴趁天擦黑,爬上小土坡,从蒺藜空当里钻进去,找个地方坐下,就可以美美地看一场电影了。在那里我知道了金嗓子周璇,看过她主演的《疯狂世界》,还看过"渔光曲"等等。都是没有买票的啊!

中山公园里吸引我们的还有一片金鱼缸区。那里有好几排大的金鱼缸，里面有各种各样的金鱼。有突出两个大眼睛的，有红身白尾的，有黑色的……我们一排接着一排把每个鱼缸都看过一遍，才心满意足地慢慢离开。公园里面有一处非常幽静的场所，就是来今雨轩茶楼。大门上面悬挂着一块黑底绿字写着"来今雨轩"的横匾，外面树荫下摆着一些茶座。我们小孩子们从没去喝过茶，只是旁观着这里，留下美丽的记忆。若干年后，才知道这个优雅的茶楼名字，大概是来自杜甫文句"旧雨不来今雨来"，的确颇具韵味。

那时的中南海，比起中山公园来真没有什么好玩的地方。进门不用买票，进去走不多远就是一个旧的船坞，里面好像还停泊着一个旧船。除此之外，印象里就没有什么有趣的地方了。中南海当年很荒凉，感觉有点不安全，我们极少去那里玩。

旧时中山公园一角

天安门长安街南边，当时是一片小树林，那里有摆摊卖杂物的、算命的、点痦子的，还有卖唱的……很是热闹。我们没事也去逛一圈，但这里不是特别吸引小孩子。有一次，听说有人清晨发现树林里有人上吊死了，吓得我们更不去那里玩了。

六、我的学校

进南长街口，西侧有个大宴乐胡同，里面两侧没有人家，走到头有一所南长街小学。我妹妹就在那里开始了小学生活。

而我则毕业于北长街小学。小学坐落在北长街中间西侧。现在的北长街小学还在，只是面貌全非。原来我们学校大门敞开，任人随便出入。而今铁门紧闭，要按铃才有门卫出来，我提出进去看看，

拆迁前的大宴乐胡同

作者近照

被严词拒绝。我只好在门外拍了照片留着纪念。

北长街小学向南不远是女一中，现在那里是北京一六一中学。只一个"百年学校"的铜牌挂在大门口，说明了过去北平第一女子中学的旧址在此。

当年我曾报名女一中，但没有考取。发榜那天榜上无名，垂头丧气的我坐在台阶上，感受到了巨大的失落。后来被女四中录取，我就去朝阳门外芳草地住校读初一了，过了寒假又转学到师大女附中，这是后话。

抗战胜利，父亲从四川回到北平，全家从南长街26号院搬到了养廉胡同8号。房东住北屋，我家租住南屋。不久，父母在西安门西岔胡同买了房子，我们从此离开了南长街。

作者：张兆燕

记忆中的往事

我是土生土长的西华门居民,出生在日本投降那年。我家门牌,以前是"内六区水轮子胡同三号"和"此巷不通"两块蓝底白色的搪瓷牌,现在变成了西华门大街29号。

我在这里长大工作成家变老。西华门大街、南北长街原貌早已不在,老街坊也已不在。在看书、听广播时,间或会想起陈年往事,想起那一去不返的昨天。

一、儿时记忆

幼儿时的一天,我还看着桌上打点的坐钟,学着看钟点。爸对奶奶说,有人抢劫赵燕侠,开枪打死了人。可认错人了,赵燕侠躲过一劫。赵燕侠是著名京剧演员,住在西华大街路南的养廉胡同。胡同口就是巡警阁子,晚上亮着红灯,那是1948年的事。

还是1948年,因内战物价飞涨,北京大学、辅仁大学等学生在北长街李宗仁宅邸外示威反内战。高呼口号,并用石子码字:"打倒李宗仁!"然后用脚踩进被太阳晒软的柏油马路,抠都抠不出来。

那时会计司住着一些高丽人，打着梆子卖酱油，有的人以此为掩护卖白面儿。

我曾偷偷跑进西苑门，绕过影壁到湖边捉蚂蚱，湖边芦苇丛生，有蒲草、鸡头米，还有住家。

后来中华人民共和国成立了，在西华门11号（原门牌）的垂花门前，一个戴八角帽的大姐姐打着拍子教居民唱"解放区的天是晴朗的天，解放区的人民好喜欢"。我也跟着大人唱。

我1952年通过考试，在第二中心小学（现在的北长街小学）上小学了。上体育课时，用垒球投打5米外的木牌子，牌子上写着名字，有联合国军司令麦克阿瑟、南朝鲜总统李承晚、美国总统杜鲁门。击倒木牌子，同学们欢呼，抗美援朝运动开始了。

同年开展爱国卫生运动，口号是："动员起来讲究卫生，减少疾病，提高健康水平。"家家翻盆倒罐，防止孳生蚊蝇。生吃瓜果蔬菜要洗烫，每天早上（后改在傍晚）摇铃倒脏土。我们胡同有个值日的小木牌，每家值日一周：每天早上把胡同扫干净，周日把牌交给下家，轮流值日。

小学生上学要带水碗、手绢、口罩。给水碗缝个布套儿，手绢、口罩叠好放在水碗里，忘了要回家取。学生们的书包各式各样，多是用旧布、旧衣改的，斜挎在肩上，水碗套就拴在书包带上。

放学时，排成两队，南行一队，北行一队。离家近的排前边，离家远的排后边，我排中间。上学没家长送，放学没家长接。下雨天，同学们的雨具五花八门，打油伞的，披油布雨披的，戴草帽的，还有穿蓑衣戴斗笠的，像小渔翁。

那时老师不拖堂、不补课、没辅导班。作业就是写生字、读课文、算算术而已，半小时就完成了。好像约好了似的，孩子们就上

1970年，作者和母亲在中山公园

20世纪70年代，作者（中）在故宫护城河边

20世纪70年代作者拍摄的故宫护城河

大街玩儿了。西华门大街的马路没马路牙子，街上没地砖，像个大广场，也少有汽车。玩追跑的叫"官兵抓贼"。"贼"在前边跑，"官兵"在后边追，被追上算输；抽陀螺、尜尜，又叫抽汉奸；推铁环；冬天抖空竹；弹球儿，有玻璃球儿，也有瓷球儿，玩法有"回字儿""絮锅儿""撞墙"；滑冰，是西华门路口西南角公用自来水管那儿，居民打水洒出的水冻成的天然冰场，孩子们"冲出"条跑道，挨个排队滑，小脸红扑扑的，头上冒着汗，一片欢声笑语。

春节后有了南风，小孩儿在大人的带领下到后河（筒子河）边放风筝。先抖起来，借风力，风筝上升远去，收线放线，远方的角楼黄瓦闪着光，河边的杨柳泛出鹅黄，风筝在湛蓝的天空摇摆晃动，更高处苍鹰在盘旋。

女孩儿们玩拽包、夹包、抓拐。拐就是羊蹄儿的一块骨头，玩的时候要搬"砧儿"，"砧儿"是染成红色的拐，搬砧儿就是一只手抛起布包，另一只手同时把"砧儿"立起来或放平，抛包的手接住包，完不成搬砧儿或没接住包为输，换人接着玩；翻绳儿：把小线的头尾系成死扣，套在俩手背上撑开，其余的人依次用两手手指勾住两根绳儿做出各式造型，比如"降落伞""面条儿"；跳皮筋；跳房子，又叫跳间，用瓦片或树棍先在地上划一个大长方块，再划分成小块，每块四块方砖大小，这就叫间，玩时，一脚抬起，另一脚单脚踢布包从一间到另一间，脚不能踩线、不能着地，包也不能压线，否则为输，换人重玩儿。

男孩子们夏天在树荫下拍洋画儿、扇三角儿——三角儿是用烟盒叠的；在杨树下粘知了；抄蜻蜓；在路灯下逮蚂蚱，西华门的马路上有两个大铸铁电灯杆，灯较亮，是逮蚂蚱的好地方，秋天逮蛐蛐，斗蛐蛐；晚秋玩拔根儿，根儿就是杨树叶的柄，两人分别捏住根儿的两端，套住后，向后拉，根儿断为输。

那时候孩子多，独生子女少，每家两三个孩子，三四个孩子，我有个同学叫"九儿"，他排行老九，孩子多，不娇气，皮实！作业少，都是散养，童年很快乐，玩儿着就长大了。

二、长街名人

要说西华门、南北长街这地界儿，是皇城内紫禁城旁，真正的天子脚下，可被故宫和中南海夹持着，长条地块儿面积有限。原有的皇家寺庙、衙门、附属的建筑分散其间。深宅大院、规整的四合院几乎没有，但三合房不少。此地距闹市不远，去前门后门王府井都很方便。自我记事就有5路汽车，原来是大鼻子的道奇，后来是斯柯达。北到德胜门，南到右安门，上后门去前门都是五分票钱，去听戏、购物、泡澡堂子也都不远，且下坡停着七八辆三轮，您随时可以叫车。这儿有中山公园，北有北海景山，东有太庙，都是皇家园林，适合爱清静、内敛隐居的人居住。早先这里有前清的遗老遗少、退隐的高官、破产的商人、带着孩子的姨太太。在我小时，见到的是北大的教师、医院的大夫、中小学的教员、商号的会计、京戏演员、画家、音乐家，中华人民共和国成立后这里也住过高级干部。

南长街南口路西第一个院中华人民共和国成立初期是捷克斯洛伐克驻华使馆，后来先后是几内亚驻华使馆、胡乔木的居所。往北89号是文学家、博学多识的学者张青常寓所。挨着他的是中医师马达轩诊所。老爷庙胡同（后来叫勤劳胡同）南有一大院，院内柏树苍劲，院墙爬满紫藤，仲春时一串串紫藤萝花随风摇曳，发出甜蜜的香味儿，蜜蜂飞舞采蜜。人说这曾是陪同李宗仁返回大陆的程思远私宅。中华人民共和国成立后是铁路部门的一个卫生机构。勤劳胡同内原有玉钵庙，团城的渎山大玉海曾流落在此。勤劳胡同北一个大院，内有大楼一幢，灰砖灰瓦中西合璧。南长街路东54号住过梁启超兄弟，中山公园西门北有中医师贾大明诊所。其南邻有小半截胡同，最早叫大悲院，是尼姑庵。中华人民共和国成立后设计建造了一幢三层小楼红砖砌就的居所。诊所北是西服饭店，内花砖墁地。

西华门大街南的养廉胡同，北京画院著名山水画家周元亮、京剧花脸演员周和同（曾在《沙家浜》中演胡传魁）在此居住，还曾住过京戏演员赵燕侠，对面14号（旧门牌）曾是东北军将领、国民党要员荣臻的私宅。其东隔壁11号（旧门牌）曾是华北煤炭株式会社社长、日本人白鸟的住宅，里边有垂花门、修竹、山石。29号（新门牌）有山水画家王稼骏的画室"有竹居"，他以独特的眼光表现了北京山川的壮丽和秀美。他是中国画研究会副秘书长、农工民主党东方书画社的常务理事。西华门十字路东，现在的西华书房，清朝是武官的后朝房，1953年后成为西城区图书馆。

三、长街风情

北长街路东有福佑寺，曾是西藏班禅驻京办事处。路西有万寿兴隆寺，是太监的养老院。我上初中时还见过那里的太监走路颠颠的，拿着瓶子上公和裕（副食店）打酱油。北长街小学原是昭显庙，我上小学时，格局未变。有钟鼓二楼，大殿上黄绿琉璃瓦，丹陛与后殿相连，汉白玉栏杆，飞檐下挂着惊鸟铃，微风吹来当当作

北长街街景

响,我们的教室就是原来的僧房。向南路西有静默寺,现在是一家公司。一六一中学原来是女一中,前身是20世纪20年代李大钊教过书的京师第一女子中学,原址是花神殿。会计司内,原铁道部部长吕正操将军曾居住于此。会计司对面原有日式楼房一幢,中华人民共和国成立前是李宗仁私宅。往北小半截胡同曾有《新观察杂志社》,吴晗也在此居住,他曾是北京市副市长、清史专家、著名学者。

　　北长街北口路西,关家胡同有中医骨伤大夫成业田,他的诊所在胡同口。20世纪70年代末,我外甥晚上洗脸,撸袖子时,把肘关节拉脱臼了,三岁的孩子疼得哇哇大哭,我抱着他找到成大夫,大夫拿了一块水果糖,引我们到院里,对着月亮举起糖,另一只手捏着伤肘。"看看这是什么",孩子眼随着大夫的手看上举的水果糖,只见大夫稍微一捏,"好了",同时孩子把糖拿到手中剥开了糖纸。

月光照在孩子挂满泪水的脸上,破涕为笑。大夫送我们出门,妙手回春,分文不收。好大夫啊!向南一大院有九三学社,现在是"佛教文化"所在地。在静默寺南隔壁有一钟表店,店主姓石,人称小石头,他祖上在宫里当差修钟表,石店主干净利落,留给我的样子是毛蓝对襟扣襻上衣,内衬白褂,袖口上挽,露出一截白袖,戴水晶眼镜,技术高超,专修老钟表有绝技。

这条长街的买卖店铺有三几儿,在北长街北口东,曾有一家较大的油盐店,还有一家药铺,南长街中部的西大街一段也有油盐店、理发店、回民饭馆、早点铺。西华门路口往南到老爷庙胡同一带店铺多,有公和裕油盐店,前店后厂,经营米、面、油、酱、酱油、醋等各种食品,店后大院有腌菜的大缸、酱缸、醋缸,几十口。猪

长街风情

肉铺安乐春，酱肉香肠味道太香了；三和馆猪肉铺还卖猫鱼儿（猫食），五分一包能喂好几天；豫承祥杂货铺卖肥皂（那时叫胰子）、信封、邮票、蜡烛、牙粉、蛤蜊油；大酒缸酒馆儿，饭馆两家，满记牛肉铺；满记早点铺，包子铺，自行车铺、干鲜水果铺、裁缝铺；二层楼的茶叶店，礼帽店，石灰麻刀铺。每天推车挑担的不断，吆喝声不绝，挑担卖菜的，卖小金鱼的，收破烂儿的，打鼓收细货的，吹糖人儿的，卖荞麦皮的，修理雨伞的，卖豌豆糕的，搓板开槽的，锔锅锔碗的，补锅的，秋后卖螃蟹的，傍晚推车卖煎灌肠的，卖豆腐丝的，卖馄饨的，卖酱豆腐、臭豆腐的，卖开花豆的，卖花儿的，卖羊杂碎的，卖五香花生米的……想吃什么出门口就办了，十分方便。

四、那时柴米油盐

小买卖虽多，买的人少，穷人多，温饱的人很少，有钱人更少。五分钱的豆腐丝儿，切点葱花、放点醋就是一家人的一盘大菜了。那时人都节俭，物尽其用，衣服都新三年旧三年，缝缝补补又三年。大学教授穿补丁衣服，没人笑话，但得干净。那时候，几天才倒一次脏土，没什么扔的，收破烂儿的碎布头、碎纸都可以换洋火（火柴）。后来收废品的橘子皮、啃过的骨头、碎玻璃、药瓶子都收。勤俭是风气，浪费可耻，遭人骂。东西都用尽了，最后或生炉子了或归于泥土，污染很少。那时，洗衣粉、胰子都舍不得用，碱面还发面用呢，不会用于刷碗，对环境没有明显的破坏，故天蓝水清，空气清新、没有工业，没有机井，地下水充沛，地下水位在五米左右。我家院里有自生的薄荷，葡萄架下有萤火虫。西华门城楼上的鸽子站成一排，春夏燕子更多，雨后燕子在空中急速掠过，飞上云霄，飞向彩虹。筒子河水很清，有水草，但不疯长。每到初春，大雁满天，中南海是它们的迁徙驿站。夏日蜻蜓蝴蝶多，种类也多……后来为了灭蚊蝇，灭鼠，大量应用DDT、666老鼠药、杀虫剂、洗涤剂、农业用化肥、打机井……我家的萤火虫早绝迹了。蝴蝶没了，薄荷没了。

那时居家过日子都是按节令走。"清明前后，点瓜种豆"。即使是住大杂院，也愿意在窗前种上点儿花草：草茉莉，指甲草（凤仙花）、喇叭花……种上丝瓜、眉豆、角瓜。角瓜顺着绳子就上房了，秋后上房取瓜，夏天指甲草开花了，揪下红色的花瓣，掺点明矾在小酒盅儿里捣烂，可以染指甲，为女孩所喜爱。

到立夏，风沙没了，天渐热，在炎夏到来之前，要把去年的窗户纸撕掉，窗棂刮干净，打糨子，备冷布，糊纱窗，万一刮风天凉，再糊上卷窗——用高丽纸，一头粘在窗棂上，另一头粘裹上一根秫

南长街副食店

西华门5路公交站

秫秸儿，窗棂上四角钉上钉子，绷好小线儿，手推滚秫秸秆，纸就会卷起，空气就可以从冷布中穿过。有风或夜里凉，可把秫秸秆抹下来，纸就展开了挡风。唐诗有"虫音新透绿窗纱""纱窗日落渐黄昏"。可见纱窗历史悠久，有了透气的纱窗，屋里不愁闷，挡蚊蝇，可以度夏了。

到了寒露以后霜降前，也就是阳历十月中旬，天凉了，树叶由绿转黄，变红，候鸟南飞，该准备过冬了。这时候要办三件事情：第一糊窗户，把纱窗撕了，卷窗撕了，糊高丽纸。门头的卷窗若还能用就保留换气作用，如纱窗阻碍透气可以割去。第二安烟囱，把炉子、烟囱搬出晾晒，烟囱要敲打，去掉结片的铁皮锈，炉膛有破损处要修补，要用青灰砸成末儿的缸瓦，两三寸长的头发，加盐，用水和成很稠的泥，按进破损处，敲实阴干。安烟囱，从炉子到窗户排好，每节都是粗口对炉子，细口对窗外，插好敲紧。窗外的最外边一节烟囱口还要套上一个拐脖，口斜朝下，不接雨雪，又挡风倒灌。都安好后，每节的接口处糊纸，不漏煤气，不跑烟油子。第三糊顶棚，老北京的房子保温隔热全靠顶上糊的纸，时间长了易生虫，蜈蚣、潮虫，还串耗子。因糊顶棚用糨子。招虫吃鼠啮。棚上有破损，掉土又漏风，不保暖，就得把破漏处糊好，要是破损处多，漏雨，顶棚离骨（脱离秫秸架子），就得重新糊。老爷庙胡同（后称勤劳胡同）里土地庙旁有金师傅，爷俩配合默契，如果屋里腾得利落，一天之内三间屋子的第一道纸就能糊完，这纸结实，但不白。第二天糊的纸叫大白纸，一面白，（石膏粉浆涂过，所以叫大白纸）。另一面涂糨子粘贴到第一道纸上，顶子就算糊好了。要是心气儿高，墙壁再刷一道大白，生个炉子封上火，关上门窗烘一天，白得雪洞儿似的，准备猫冬吧。

还要在叫煤之前，用砖块垒个煤池子放煤球，最早都是手摇的，论筐卖。还有硬煤，是煤块，烧着后火冲，扛时候，晚上封火时间长。西华门大街有俩煤铺，南边一家，北边一家。再后来，下坡有了国营煤场，卖机制煤球，2分一个，劈柴3分一斤。再往后，有了蜂窝煤，炉子也叫蜂窝煤炉，里边有规制炉瓦，省事、干净、好封，不用见天生炉子。大约到1972年，有了煤气罐，做饭方便了，炒菜随时可调火候，一罐气才3元，是东炼（东方红炼油灯）的废气液化后装罐，故此便宜。

随着社会进步，生产发展，有的行当消失了，比如搪炉子的、打烟囱的、换锅底的，锔锅锔碗的、修纸伞的……

我小时候，大多数人家没有自来水，用水要到大街的公用水管打水，存在水缸里。每家每户都有储水缸，冬天用稻草帘子围住以防冻裂。要是缸打了，茶壶碰了，得到街上喊"锔锅锔碗锔大缸咧"，

找匠人锔好。先把锔的器物碴口清理干净，用绳儿或小线儿把碴口的器物捆绑紧实，金刚钻打眼儿，上锔子，榔头敲紧，抹上灰膏，晾上一天，即可使用，滴水不漏。换锅底壶底，以前是铁制品，后来是铝制品，现在是不锈钢制品，久用不坏，换锅底的没买卖了。

中华人民共和国刚成立那会儿，花的钱面值是100（元）、200（元）、500（元）、1000（元）、2000（元）、5000（元）；1万（元）、2万（元）、3万（元）、5万（元），以后就成了1分、2分、5分、1毛、2毛、5毛、1元、2元、3元、5元。

每个院都有厕所，每天上午有工人淘粪。工人穿长衣长裤，戴的帽子类似风帽，直到后背，把脖颈子都盖住了，戴手套不说话，你就是对他客气，让他喝口水，他们也只是笑笑，摆摆手。觉得自己身上有味，手不净，从不进住户家门，这是规矩。直到"文革"后，建了公用厕所，改为水厕，居民院中的厕所才没有了。

那时，每到过了中秋节都有卖螃蟹的，产自通县马驹桥，那有湿地。也有胜芳的螃蟹，都吃得起，"大跃进"大炼钢铁，粮要高产，超英赶美，螃蟹没有了。

1958年除"四害"，麻雀是其一，全市行动，敲锣打鼓，摇旗呐喊，要把麻雀累死吓死。那天在老师的带领下，我们在织女桥累死了麻雀，还累死了斑鸠，喜鹊也累死了……我见到麻雀从柳梢掉进河里，没有挣扎，漂在水面上，我很悲哀。三年困难时期，食品短缺，北京组织了去内蒙古打黄羊的专业队伍，在三轮摩托上架机枪打黄羊，当时那里黄羊成群，打到的黄羊运回北京，弥补肉食的不足。《北京晚报》连天报道，我见过黄羊的照片，学名叫"蒙古羚"的黄羊比绵羊大一半，棕黄的体毛，白肚皮，细长的脖子，短角，有一双哀怨的黑眼睛。我没吃过黄羊，吃不下。

长街人家

　　中华人民共和国成立后,对粮棉油肉统购统销,居民生活的票证越来越多,粮票、米票、面票、油票、蛋票、肉票、布票、自行车票、缝纫机票……改革开放以后,票证逐渐减少,现在所有票证都取消了,好东西敞开吃,进口的食品挑着吃,中国人富了。

　　在南长街中间儿,曾有一条从中南海流出的小河向东从一桥下流出,入中山公园,河流出时,水面较宽阔,形成一个小水塘。河岸上有人家,河在进桥洞前又形成一个小水塘,河北岸杨柳成行,岸边有一条幽静的小路,通九道弯,路灯三盏,灯光昏暗,河南边也有大柳树,就长在坡下,距水很近,枝条有的就垂入水中。我在桥旁打过水漂儿,钓过鱼,秋夜也逮过蛐蛐儿。因离家近,我常去那儿玩,流淌的河水,嬉戏的游鱼,河坡上的青草,低垂的柳枝,秋天挂在柳梢的弯月,树下窃窃私语的青年,一幅恬静温婉的画面镌入心田，终生难忘，"月上柳梢头""小桥流水人家"，这座桥叫织女桥，有栏板有望柱石。桥上有行人有车辆，桥下有拱形桥洞。织女桥——一个诗意的名字，一个有故事的地方。织女桥没了五十多年了，现在知道这个名字的人都快没了。还有埋在地下不见天日的小河，昔我往矣，杨柳依依，今我来思，雨雪霏霏。

作者近照

科技在进步，社会在发展，在我们追求富裕生活时，对自然少干预，对历史遗存多尊重，为了五千年文化传承，也为了子孙后代。春花秋月在，时光如水去。

作者：王正华

家住福佑寺

一、初进福佑寺

大约1968年上小学一年级的时候，我们一家从方家胡同搬到了北长街甲20号。说是一家，实际上只有爷爷奶奶和比我大两岁的哥哥。我父母那时候在西藏工作，直到20世纪80年代才调回北京。我出生在拉萨，一岁多送回北京，再次见到父母已经7岁了。之后他们大约3年回来一次。虽然没有爸妈在身边，但丝毫不影响童年生活的快乐——我们居住的北长街和这个院子实在太有趣了。

每到夏天，北长街马路两侧的大槐树枝繁叶茂，搭在一起就像一个门洞，中午一进街口，就好像从炎炎夏日进了空调房，顿觉神清气爽。5路公共汽车从这里经过。坐这趟车往南可以到前门大栅栏、陶然亭游泳池，往北可以去什刹海游泳场（现在的后海）和鼓楼。北长街的北口有103路无轨电车，往西可以到西四，终点站是动物园，往东可以到王府井，终点站是北京站。还有109路，往西可以到西单，往东可以到朝阳门，非常方便。

我们住的北长街甲20号院就是大名鼎鼎的福佑寺。它始建于

北长街20号福佑寺

清顺治年间,有点像一个缩小版的雍和宫,康熙帝曾在这里治愈天花,后改为雨神庙。乾隆帝登基后改为喇嘛庙,更名福佑寺。1927年,这里成为班禅驻北平办事处。20世纪50年代再度成为班禅驻京办事处,"文革"时期办事处撤销,到1980年三度成为班禅驻京办事处。

福佑寺从外观上看,红墙绿瓦,殿宇巍峨,还真有点儿皇家气派。但我们小时候根本不在意这些,只是觉得好玩儿。刚刚搬进来时正是初夏,那感觉,就像搬进了一个公园,到处鲜花盛开,蝴蝶飞舞。主寺庙为三进式院落,分别为山门、中殿、大雄宝殿,后面还连接有几个院落,一直延伸到北长街北口。

那时候偌大的院子除了门房曹大爷,只有四户人家。曹大爷70多岁,身体非常硬朗。他带着我们一通转悠,热情地给我们介绍这个院子。小时候嘴馋,我只记得他说的一串儿话:葡萄熟了吃葡萄，杏儿熟了吃杏儿，无花果熟了吃无花果，黑枣熟了吃黑枣……

除了果树，院子里还有许多花草树木，比如垂杨柳、塔松、针叶松、柏树、丁香、珍珠梅，还有能吃的香椿、黄花菜、桂花。香椿树只有一棵，每到发芽吐绿时节，我和哥哥就做一个铁钩子绑在长竹竿上，掰下嫩芽然后平分给邻居。黄花也在夏季盛开，那时候不知道鲜黄花有毒，我们经常采摘下来和西红柿一起做卤。而桂花的花瓣可以和白糖混合捣碎做桂花酱，这些也是曹大爷教给我们的。可日后我们真的没少惹他老人家生气，现在回想起来，那时候真是不懂事，本来美丽宁静的花园，来了两个捣蛋鬼，从此便不得安宁。

二、福佑寺里的快乐童年

大门口有一个电铃，任何客人来访都得按那个电铃，从里面一个观察孔可以看到来者何人，曹大爷一看是小孩子按铃一律不给开，而且郑重地告诉我们不可以带同学来玩儿。一开始还听话，因为新搬来刚转学到北长街小学，和同学不熟。后来好朋友多了，大家都想到这个院子来玩儿，我们就乘大爷午睡时，偷偷开门把同学放进来，然后再偷偷摸摸把同学送出去。但过分的是有一个同学居然用胶泥把整个电铃糊上，电铃一直响直到烧坏才停下来，这下可把大爷给惹毛了，找到我们哥俩一通训斥。也许出于无奈，往后他也就放宽了限制，允许我们少量地带同学来玩儿。

相比现在的孩子，那个年代实在是太轻松了，每个星期只有三天下午有课，也没有那么多的功课要做，就是玩儿。住进这个院

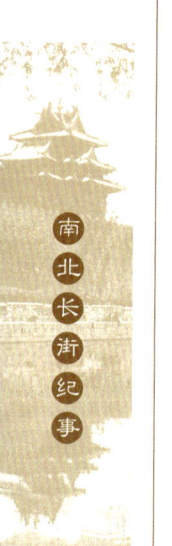

会计司胡同老宅

安静的长街

长街上的夹道

子后的第二年春天，我们开始整理园子，由于没有园丁管理，园子里到处杂草丛生，都是头年死去的干草，有一种蒿草居然能长过我们的头顶，连续工作了大约一个星期，草被拔掉以后，空出了大片的深褐色的土地，我们开始翻地，去小西天（就是现在的新街口一带）买种子，院子里种了玉米、西红柿、豆角、黄瓜、茄子、辣椒等许多种蔬菜。每天早上醒来，第一件事就是去地里看是否有小苗露出地面。当小苗拱出地面时，就像现在的孩子玩游戏终于通关的感觉，兴奋异常。曹大爷告诉我们中午不能浇水，还教我们如何积肥和给蔬菜上肥。盛夏来临，辛勤的劳动终于得到回报，西红柿、黄瓜、豆角挂满枝头……真是硕果累累。

接下来开始饲养各种小动物，有蚂蚁、蛐蛐、鹦鹉、猫、狗、鸽子、鱼，还有可以吃的鸭子和鸡。我们给鸡做了鸡窝，给鸭子做了水池子。邻居家也养了几只母鸡，我家除了母鸡还有两只大公鸡，其中一只公鸡非常威猛，经常骚扰邻家的母鸡。邻居阿姨忍无可忍上门理论，我和哥哥憋住笑说，大家都是放养在院子里，也没有个篱笆，真正不好管呀，您要是看见它欺负人，您就教训它呗。阿姨无话，脸涨得通红。没过几天，她家的鸡群里也出现了一只威风凛凛的大公鸡。自此，我家大公鸡果真收敛了许多。偶尔看到它俩狭路相逢，双方怒目而视，脖子上的毛都炸了起来，但都挺克制，并未大打出手，它们用自己的方式划定了领地。

三、北长街的孩子们

没课的时候，长街孩子们一般都在胡同里或大街上，三五成群聚在一起拍烟盒、玩瓷片，文明一点的玩扑克。玩瓷片也许是当时北京城区特有的一项游戏，它具有破坏性，所谓的瓷片就是厕所里的马赛克，所以有同学专门到较高级的厕所去敲瓷片。当时去的最多的就是故宫里的厕所。瓷片根据形状、质地、面积和后面的条纹划分成大队、中队、小队，玩儿的时候，码成一摞放在手里，接下来是连贯动作——搓平，让瓷片放倒在手心里成多米诺骨牌状，抛向空中垂直散开，再从下到上把落下的瓷片分别抓住。因为这些游戏，孩子们之间会发生打闹，但毕竟是在中南海边上，这条街上从未发生像电影《老炮儿》中所描写的那种大规模的打群架事件。

从北长街到南长街，大家耳熟能详的痞子王就那么几个，用现在的话说就是小混子，欺软怕硬，经常站在自家胡同口吓唬过往的小同学，甚至索要钱财。但这条街上有能镇住小混混的人，年龄比较大，大概30多岁。一位住在北口路西，相貌英俊，坊间传闻会武术，我们都叫他志彬大哥，大概因为香港有亲戚，夏天总是穿短袖花衬衫，瘦腿裤子，后来果真去了香港。另一位是我同学的五叔，住在大庙（北长街小学旁的一个寺庙大杂院），也是武功了得。一次我同学因为玩瓷片被大孩子欺负了，跑回家。几个大孩子也跑回

作者（右）童年在福佑寺与哥哥合影

去分别叫了家里人，有叫自己大哥的，有叫老爸的。一会儿功夫满街都是人等着看热闹。我同学回来说我五叔来了！刚好是夏天，五叔穿了一个跨栏白色背心，细腰乍背，肌肉健硕，胳膊比别人粗好多，大孩子和叫来的家人一下全傻了眼，马上认怂。五叔也没动手，心平气和地问了来龙去脉，只告诉那些大孩子的家人，不能以大欺小，下不为例。从此，"五叔来了"，成为同学们一句吓唬人的口头禅。

五叔摔跤了得，有几个正式拜师的徒弟，拜师礼是一袋儿白面。我也想拜五叔为师，他看在我同学面子上，只答应我和他的徒弟学。徒弟要求我每天早上必须跑步，早上6点半起床，不吃早饭，绕着故宫跑一圈，大约需要50分钟吧，跑完步再去上学。练摔跤都是晚饭后，在五叔住的大庙院里专门用土围了个场子，他的徒弟都要穿上五叔专门准备的褡裢，系一个带子，我太小穿不了，就穿着自己的衣服或者光膀子。虽然没有正式拜师，但跟着他的徒弟倒也学了些本事，小伙伴们颇为羡慕。

四、筒子河游泳惊险记

1976年，对于中国人来说真是不平凡的一年，周恩来、毛泽东、朱德先后去世，夏天又发生了唐山大地震并波及北京。在街道居委会的安排下，福佑寺大门开放，允许院外的邻居们在院子里搭建临时抗震棚儿。三个主院落住满了邻居，许多同学也都住到我们的院子里。

这个夏天学校基本停课，我们整天不是游泳就是钓鱼。围绕故宫的护城河是一个正规的养鱼池，由中山公园管理处管理。每年10月1日前，在靠近故宫西华门的水域都有一次正式的打捞——把这段的河水放掉一部分后，管理处的十几个人在齐腰深的水中一字排开用拉网捕鱼，鱼多得数不清，有鲢鱼、胖头、鲤鱼，还有草包，到现在我也不知道这些鱼最终上了谁家的饭桌。专门管理养鱼池的叫水产队，队长外号老四。筒子河周边喜欢钓鱼的人，不管是大人还是孩子，都怕老四，甚至恨他。用现在的话说，他实在太敬业了，每天带领一班人马围绕筒子河巡查数遍，一旦发现钓鱼的，轻者把鱼竿撅折，重者罚款。大家私下里都在揣摩水产队的巡查时间和规律，但老四根本不按常理出牌，巡查毫无规律，有时竟在夜里出来巡查。据说在一个初春的夜里，几个钓鱼的壮小伙竟把老四从高高的筒子河岸上扔到了河里。搞笑的是，堂堂水产队队长竟不会游泳，在初春冰冷的河水里瞎扑腾，多亏有队友救助，老四才没出大事。

  我亲身领教过老四的凶悍。整个筒子河围绕故宫，分为东西南北四个区域，以故宫南北中心线为中轴，中轴线以西为西筒子，以东为东筒子，最深的一段就是靠近故宫北门的东筒子一段，水深约在4米左右。只有那里可以跳水，我们一般都在那儿从距水面四五米的岸上往水里跳。我家所住的福佑寺对应的这一段水域比较浅，也就1米多，是钓鱼的最佳水域，因此也是水产队重点巡查区域。一天中午，我和几个同学懒得跑到东边去游泳，就从我们院子的小门下水，往北从靠近故宫西角楼附近河对岸上岸，刚好碰到几个钓鱼的孩子。还没站稳，就听有人喊，老四来了！大家瞬间全都上了房，我们也稀里糊涂上了房顶往南跑，估摸着安全了，从房上一跃而下，不曾想刚一落地，每人腿上就挨了一棍子，扑通栽倒在地，后背又是几棍子。起来迎面碰到老四凶悍的目光。我们赶紧申辩自己是游泳的，不是钓鱼的。看到我们赤条条只穿了泳裤，老四终于把我们放了。我还好，家长不在身边，另一个同学怕被家长发现背上和腿上的紫红色血印子，只能灰溜溜地躲着父母。此次领教了老四的厉害，我们甚至期望有人再把他扔到河里。

  再以后，中山公园水产队解散，围绕故宫的筒子河也不再是专业养鱼池，又恢复成了真正的故宫护城河。

五、物资匮乏的岁月

  那个年代没有超市，都是副食店和粮店。位于北长街北口的副

食店里，肉蛋、蔬菜、点心、油盐酱醋一应俱全，还有针头线脑和文具。因为没有冰箱，整条街的居民几乎每天都要光顾这个副食店买菜，冬天大白菜、萝卜、土豆；夏天柿子椒、茄子、扁豆和西红柿。西红柿不是随时可以买到，夏天每到下午两三点钟，副食店门口都会排起长队，等着来西红柿。排队的大部分是这条街的小孩子。每到这时，副食店门口总是乱哄哄的，孩子们挤来挤去，还有加塞儿的。副食店里有一个卖菜的师傅，只要他大喊一声：都排好了，那就表示运西红柿的车快来了。队伍马上会安静下来。一毛钱可以买4斤西红柿，小孩子买了西红柿，一边走，一边吃。或许是吃不到水果，或许是那时候的西红柿确实好吃，还没到家已经四五个下肚了。

副食店后院里有一个粮店，每到秋天，为了抢购白薯，这里也会热闹一番。当时白薯是一种特别金贵的食物。说它金贵不是说买不起，而是买不到。那时候只有粮店卖白薯，每年10月下旬就来那么一两次，如果买不到就得等明年了，所以快来白薯的那几天，大家都竖着耳朵等消息。有的居民几乎每天都去粮店打听啥时候来白薯。盼望急了，消息就难免有误。有时喜讯传来大家蜂拥而至，等了一下午，啥都没见到，只好悻悻而去。真来白薯了，有人会在街上喊：来白薯了！整条街都沸腾了，大人孩子全拿着兜子往粮店跑，一般只要去排队，应该都能买到，因为有限购。

六、母校点滴

说起北长街，不能不提北长街小学，它位于北长街的中段路西，

北长街小学内景

回家

原来是昭显庙。1937年1月在昭显庙建立学校,原名为北平市教育会附属小学,后改为北长街小学,算起来也有80年的历史了。

北长街的孩子们几乎都上这个学校。学费很便宜,一个学期2.5元。那时候下午经常没有课,学校大门紧闭,不让同学进。我们有时会以给班里出板报的名义让看门的大爷放我们进去，到后院儿踢足球，还会从学校北面的教育会夹道胡同翻墙进入学校。

我刚刚转学到北长街小学，应该是一年级的下半学期，二年级开始有常识课，内容就是一些地理、气候以及物产方面的知识。教常识的老师姓粘，这个字是多音字，同学们都私下里管他叫"年"老师。粘老师讲课总是激情澎湃，充满了对祖国壮丽山河的自豪感。听说她老人家仍然健在，已经100岁了。我们班主任是教语文的梁疏敏老师，每天都在早自习时出现。特别是冬天，每个教室都靠火炉子取暖，同学们分组值日，要在上课之前把炉子生起来，她要过来检查一下。梁老师见到同学们的第一句话就是：大家吃早点了吗？我很纳闷儿：难道老师家里非常讲究，每天都吃点心？后来才明白早点就是普通早饭。

平时大家最喜欢的课就是体育课。学校有两个体育老师，一个是年轻帅气的陈老师，总是穿一身蓝色的运动服和白球鞋，精心刮过的脸泛着青色，如果留胡子，肯定是个美髯公。女生都很喜欢上他的课。另一个是胡老师，吨位较大，面如重枣，很像《沙家浜》里的胡传魁。老胡总是板着脸，上课的时候非常严厉，女生都非常怕他。上体育课最烦队列练习，齐步走和正步走；最高兴队列走完了，老师宣布接下来分组领几个球自由活动。

作者近照

小学校的中院保留了一个大殿,那里有一架钢琴。每次上音乐课都要到这个大殿里。记忆中学校只有一位音乐老师,叫李友仁,是民乐大指挥家彭先生的夫人。李老师钢琴弹得好,唱歌也特别动听,当时给我们做的试唱示范,后来才知道叫美声唱法。教美术课的费老师,年龄应该在50岁上下。费老师优雅温和,对我和班里的另外一个同学尤其好。因为我俩都非常喜欢美术课,她还专门请了国画老师,课余免费指导我们画画。因为我们爱好,加之费老师的启蒙与帮助,竟使我们对艺术不离不弃,到现在还在从事这方面的工作。

作者:刘军

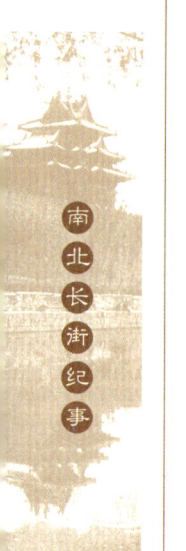

筒子河边的快乐生活

普通的胡同，普通的院子，连居住在这里的百姓也是普普通通。这个院子的居民有炼钢厂工人、印染工人、印刷工人、做饭师傅、火车司炉……稍微出息点的，也就是在街道工厂当个小领导。

我家住在后宅胡同8号院。院子坐东朝西，在胡同的尽头处。1949年前属于前宅胡同4号院（前宅2、4号院统称何家大院）的后院，两院之间有个木门相通。前宅何家大院为西四装订厂（后改为北京市京华零件印刷总厂）东家居住，后宅8号院曾是西四装订厂车间，后改成职工宿舍。它由北房和南房、西房及南跨院组成，是以西房为正不规则的四合院。

北长街，北京城里的一张名片。南北贯通的大街，蜿蜒曲折的胡同，路边是两排排列整齐的槐树。每到夏天，槐荫浓郁，倒垂街头的槐花像串串珍珠，点缀于青枝翠叶间，散发着缕缕清香。北长街还残存着诸如兴隆寺、福佑寺、昭显寺、乔道士庙等历史遗迹，灰墙黛瓦与红墙绿瓦相互辉映。加上突兀在半空中的白塔、金碧辉煌的紫禁城、河湖环绕的中山公园、古树翠柏的景山公园、体态轻盈的北海大桥、神秘的大玄高殿……倘徉其间，总会得到视觉及精

西华门下筒子河

神上的极大享受。

我更喜欢筒子河，它曾是紫禁城防御体系之一，是拱卫皇城的一道屏障。站在筒子河边，金碧辉煌的殿宇，高耸巍峨的城墙，造型别具的角楼，堪称北京城的经典之作。

我喜欢看筒子河旁的垂柳，喜欢那鳞光闪烁的波纹，喜欢得到"南人得水便忘忧"那种片刻陶醉；我喜欢在刺梅、木槿花、元宝枫的清香中，沿着筒子河一路前行，上景山、天安门、王府井……；我喜欢看着清澈的河水，望着耸立的高墙，憧憬着美好的未来；我喜欢筒子河旁的宁静，花丛挡住了过往车辆的噪音，闲适中带着几分静谧。

春天给筒子河带来无限的生机，草儿吐出嫩芽，柳梢染上嫩绿，不知名的野花唱着春天里的赞歌。清澈的河水，在缕缕春风中掀起阵阵涟漪，鱼儿在水中轻轻地游动。春雨过后，河水被染成一片桃红、一片柳绿、一片银白、一片橙黄。它们交织在一起，远远看去，就像五彩的花瓣蔓延在故宫四周。我们像欢快的小鸟，在花丛与绿树间跑来跑去。每到周六下午，我们戴着红领巾，排着队伍，走过筒子河，到北京少年宫参加队日活动。自从在1965年参加校外生物组后，我开始对树种、花名产生了浓厚兴趣，筒子河一草一木，变成了学习实践的课堂。我认识了刺梅、木槿、元宝枫、珍珠梅、黄杨树……也认识了筒子河抚育这些花木的慈爱之心。

筒子河是附近百姓休闲纳凉的首选之地。我们结伴走在绿荫深处，让随风飘至的阵阵清凉驱赶无奈的暑热。在杨柳的轻盈中，筒子河泛起粼粼的波纹，犹如一首舒缓优雅的抒情歌曲。荧荧的路灯，犹如一串珍珠，镶嵌在筒子河畔。

夏季的雨来去匆匆，仓促中我曾躲到北海食堂。隔着窗户，只见筒子河一片迷茫，烟雾、云团紧紧地和筒子河拥抱在一起。雨过天晴，彩虹绚丽，筒子河愈加娟秀清丽。

筒子河水深在2米左右，住在附近的孩子喜欢在筒子河游泳。游累了就躺在护坡墙上晒太阳。除了游泳，就是摸河蚌，北京人叫"蛤蜊"。摸河蚌也是非常辛苦，被河泥中的异物扎破手脚不说，还经常无功而返。

秋高气爽，碧色晴空，筒子河边金色、灰色、绿色、蓝色交织在一起，演绎着秋天的精彩。柳叶一天天地变化，元宝枫披上鲜红的盛装。秋风过后，筒子河边撒满一层色泽鲜亮的秋叶，犹如一条蜿蜒的溪径伸向远方。我们在筒子河边慢慢行走，寻找心目中最理想的叶片。秋阳下，叶片的脉络清晰可见，就像一首小诗。

初冬时节的筒子河被一层洁白的冰面所覆盖，我们穿着冰鞋在光洁的冰面上穿梭移动。我有一个同学被伙伴们誉为"冰上公主"，1963年1月她曾在北京市青年组花样滑冰比赛中获得名次。她的每次到来，都会引起不小的轰动。在同学们的簇拥与掌声中，她在冰面上变换着花样不停地旋转，直到面颊通红、气喘吁吁。

筒子河附近还有两条沟渠，也是我常去的地方。一条位于景山西街西北角的西板桥。桥下有条从北海公园流向筒子河的沟渠，水宽不过盈盈几尺，水深不足半米，流速稍稍有些湍急。过了马路，河水紧紧贴着景山公园西墙向南流动，然后带着清脆笑声进入筒子河。沟渠由明渠和暗渠组成，最长的一段是在景山西街至景山公园西门之间，沟渠是用花岗岩构筑而成。沟渠中有小鱼、小虾，我们在这里蹚水，总会遇到意外之喜。

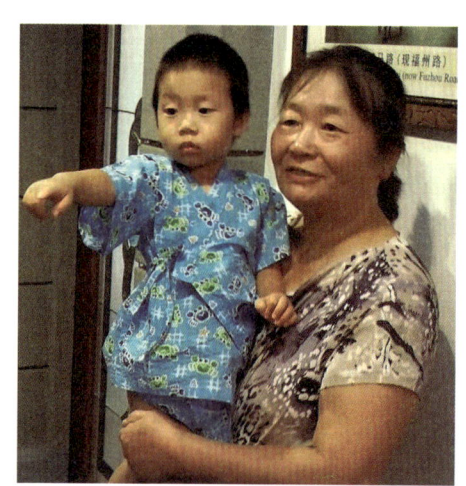

作者（右）近照

还有一段在南长街马路西侧的"小桥"附近。有条从中南海流水音流经小桥北河沿、织女桥东河沿，通向中山公园、天安门金水桥的沟渠。沟渠属于明沟，在胡同中缠来绕去，给生活在这里的百姓增添了几分情趣。20世纪60年代前期，小桥北河沿还有座单孔石桥，石桥两侧栽有几株垂柳。翠绿的柳梢和清澈的河水相互辉映，时断时续的蝉鸣传向胡同的幽深处。

尽管这些都是40多年前的事，回想起来总觉得余味无穷。虽然西板桥和"小桥"下的沟渠在城市建设中消失得无影无踪，然而筒子河尚存，并且变得更加美丽，更加动人。

现在的人们更懂得珍惜，因为失去的太多。

作者：智渊

织女桥东河沿忆旧

织女桥东河沿位于天安门以西百余米的南长街内。走进南长街大拱门几步,东拐至中山公园红墙,往北几百米,再向西至出口的C型胡同,便是织女桥东河沿。

现在的织女桥东河沿一角

一、织女桥东河沿渊源

这条胡同的初始形成，要追溯到明代。据道光、咸丰以来的朝野杂记中记载：故宫西华门外以南只有南府乐部和杂役人居住，并无路可通，皇城南墙天安门东西两端，亦没有出口，只是到了民国初年，南长街才开建，开辟街门之前，皇城南墙内的南段路西，称为南花园。根据明朝嘉靖三十九年（1560年）《京师坊巷志稿》记载："明朝时，南花园在西华门迤南东向，称为灰池（指如今紧邻南长街东侧的中山公园一带），春季在坑洞内烘养春季蔬菜供咬春，夏季培育各种江南引进的花草盆景分时送入宫内，秋季收养蟋蟀，正月十五戏赏鳌山灯会。"通过这些描述，可以想见明清时皇城西侧无论作为皇宫建设的施工灰池，还是后来作为皇宫生活娱乐的服务供给都是一派生机勃勃、物盈丰盛的景象。资料显示，中山公园1914年建园，南长街开辟于

织女桥边人家

东河沿胡同近影

民国初年（1914、1915年），同期建立。据此分析，织女桥东河沿胡同便是依中山公园建园与南长街的开辟，由原杂居在这一带的皇宫杂役人家为起始，后经中外不同背景的人们先后来到这里建房、盖楼，而逐渐形成的。

织女桥位于南长街南口一直往北约500米处，与织女桥东河沿胡同的西北出口纵横相邻。据史料记载，织女桥始建于明代，1918年6月改建，为单孔石拱桥，桥长17.2米，桥宽17.6米，南北走向，汉白玉雕花栏杆，桥面由花岗岩条石合缝拼接。此桥一直存留并使用到20世纪50年代中后期。

二、那时的织女桥

20世纪五六十年代，汽车较少，红色、外形如面包、捷克产的5路汽车是来往于南、北长街上的仅有的一趟公共汽车。每当车辆驶过石板桥，总能听到"杠、杠"的回响，与在柏油路面上发出的声音不一样，所以印象挺深。

织女桥下的河水由中南海的东墙流水涧下的水闸流出，沿小桥北河沿约百米露天河道，流入织女桥桥洞，继而进入中山公园红墙下的水算子，流进公园里。

这段露天河道风景别致：河两边是自然山石块，有的花岗岩石面如洗衣板，上面呈现一条条的沟槽，想必是前人为洗涮之用而刀凿出来的。小时候，我们常从家里拿着木棒锤、皂角或碱面，来这儿洗衣裳、玩儿。水不深，清澈得能见到小石子，每每能见到一队队小鱼游过。小河靠近中南海外墙的那边，还有一座由6至8根树桩支起、桥面由长短不一的木板搭建的小桥，供居住在小桥北河沿

西边与南岸小胡同里的人们穿行之用。

河的南岸有南长街小学院墙里恣意生长出的高大老桑树，枝叶伸张，茂密如棚，遮阳庇荫在小河上方，桑葚成熟时，常悉数落入水中，伸手去捉，捉不到，一身湿，充满了乐趣。

还能记得每逢农历七月十五祭祀故人，奶奶满是肃穆的表情，带着不敢出声的我们，将用秫秸秆做支架、高粱纸糊的河灯，放到河水中，顺流而去的景象。当夏日汛期来临，中南海开闸放水时，常有大鱼卡在中山公园墙下的水箅子处，爷爷擎起大石头砸中大鱼，之后下到水中，用大手攥住活蹦乱跳的大鱼，这一情景还浮现在眼前。

大概50年代中后期，不知何故，织女桥被拆掉了，小河改为地下管道，地面上盖起了一个制作铁夹子的街道工厂。

再后来，中南海的东墙外扩至南长街路西的马路边，这里就变成通往中南海侧门的一条通道，临街有军人站岗。20世纪80年代中后期，中南海曾经部分地开放，人们持票就从这里进入，去参观毛主席居住过的丰泽园和菊香书屋。

三、胡同记忆

织女桥东河沿胡同里的往事，至今我们还有记忆。

从胡同北端的1号院计起，至南端的南花园18号是全胡同总门牌数。其中，6号与10号院中的小洋楼最有特色，极具建筑美学价值。之后，我们再也没能从目力所及的国内外任何地方或资料里，看到过与这两幢小楼相似的建筑！

6号院中的小洋楼是座外饰为红白色相间的3层楼房，长与宽都近20米,从地下室起至1层底座是黄沙色的花岗岩,1层至3层为红砖砌成,屋顶由青色石板一层层铺叠,在屋檐与楼垂直折角处有灰色铁皮排水管道,楼的西侧墙与3号院相邻,南、东、北面则是6号院的院落,外围有数间为配套使用的平房。

一进院,往右是丛大丁香树、大榆树;往左拐的南面是几棵高大的洋槐和榆树、桑树,这些都是有年头的老树。院内外的孩子们都是从它们开始认知这几种树的特征的。

从有关资料获知,清末民初,北京城曾兴建了一批西式洋楼,据说这座楼就是那时由德国人设计建造的(胡同中的11号与18号楼也均属西洋式楼房)。著名的那张1966年8月18日毛主席戴着红袖章在天安门城楼西南角挥手的照片,主席胳膊肘下就是6号楼,后来发表的照片,修版后用绿色给遮盖了。

这座楼的3层东南侧是一个10多平方米的大露台,记得那时,楼里院外的小孩都喜欢聚在这里,春末夏初,槐花香满枝头,我们伸手够着槐花,边吃边玩;摘桑叶,养蚕,直到见蚕吐丝成茧;养鸽子、放鸽子,听鸽子咕咕叫,看着成群的鸽子在屋顶上兜风般地盘旋!置身其中,感受着人与动、植物间的和谐美好共生!

每逢五一、十一的夜晚,大家围坐在露台上,共同欣赏天安门广场上腾起、绽放礼花的盛景。过后,兴趣盎然地在树梢寻找礼花燃放后掉下来的小降落伞,下楼去到胡同里寻找撒落下的没有燃烧尽的礼花炮。找个晚上,我们再凑到一起燃放捡来的礼花头,那被火光映照的脸庞和兴奋的喊叫声,此时又在脑海里闪现。礼花掉下来的碎渣里有棉籽,7号院的墙根处隔年就长出过棉花苗来,还结出了饱满的棉桃呢!胆子大些的孩子还会爬到青石板铺盖的尖尖的楼顶,在那里眺望天安门、中山公园,绿树红墙,汉白玉门柱,青、

红、白、黑四色琉璃瓦围墙的五色土社稷坛，以及更大面积的、层层叠叠的、金黄色的故宫大殿琉璃瓦，夕阳下异彩纷呈，熠熠生辉。

据说，旧时的6号楼曾是日本人开的医院。从地下室至地面3层，楼内绛红色的木地板，地脚线以上1米是蓝色漆成的腰线、米黄色的门窗和纺锥花瓶造型的楼梯扶手、壁炉等一派欧式风格。2层与3层的楼梯拐角处还有一斜顶的房间，是旧时佣人的房间。楼顶有几个直通壁炉的耸起的砖砌烟囱，楼的1层至3层露台的东南相交处呈东南向侧角，从上空俯视，其楼顶是南北与东西两个尖顶相交。整个楼从外部看上去错落有致。

听老人们讲，这座楼在1949年后迎来的第一拨主人是穿着灰色解放服的人们。后来先后成为全国总工会、农机部的干部宿舍，院里住有6户左右人家。50年代，每到暑期，此院中的孩子戴着遮阳帽、穿着皮凉鞋，叽叽喳喳地在门口等机关来的汽车接送他们去北戴河度假，这让其他邻居们的小孩子很是羡慕。

这座小洋楼于1970年因修建国家重要工程随之被拆。同期，织女桥东河沿胡同原1至9号不复存在。隔过7号至9号或破旧或完好的平房院后，就是10号院的一座暗褐色、全部是耐火砖的两层小楼。大门是拱形顶，红漆。大门往北是楼的1层，往南有10米长的高高围墙，围墙每隔两米左右建有突出的砖砌方形柱子，顶上有带铁罩的洋式路灯。

我们曾有幸进去过几次，从门口进入左侧便是几层台阶，一棵细高的枣树，往西约20米，往南约10米是个长方形的大花园，里面种有蝴蝶花、鸡冠花、美人蕉等各类花卉。

站在花园往北看这座楼，楼体从西至东，有一半多长是个敞开式露天无围栏的露台。从楼里走上露台，看到上面是由四方红地砖铺就，说是用来跳舞的舞池。

　　舞池下面的1层与半地下是通体的透明玻璃墙，进入半地下的室内，墙边放有一棵缀了许多糖果和彩色小玩意的大圣诞树。横亘东西的一个下凹式大水池里，竖有一个喷水的、有半人高、郁郁葱葱、长满青苔的石假山，上面点缀了许多的楼榭、廊桥、亭台、庙宇等微缩的彩瓷小景观！喷水溅出的水雾，在宽大玻璃窗投射进来的阳光下，时而氤氲，时而彩虹。红色大尾鱼在水中游弋，充满了意趣。小孩子见到这景儿，如同走进了神话世界，被吸引得根本就不想挪窝儿了。

　　这幢小楼的主人是民国外交部次长曹汝霖的第四个女儿，老邻居都称她为曹四小姐，她终生未嫁，至1957年生病去世前一直住在这里，后来她的骨灰被送往了台湾。女主人

儿时的记忆——长街小楼

生前，我的奶奶曾给她家做帮工，得到其信赖，她曾送给过我家一座镜台、一盒精致的麻将牌、两盆腊梅花、佛手花及绣花鞋面等物。现在家里仅存的只有那个镜台了。之后，这里归国家所有。

　　这里，先是住过一家匈牙利人，他们与周围邻居相处得很是融洽。那时，午饭后我们二三个小孩常在10号门口喊："冰激凌、冰激凌！"男主人就会出来，用手轻拧一下我们脸蛋，然后发给每个孩子一毛钱。周末，还能坐着他家的小汽车去接寄宿学校的两个孩子。记得这家的外国大男孩看我们吃蒸熟的榆钱拌玉米面后，他便爬上墙，从院里的大榆树上，撸下几串榆钱儿，打了好几个生鸡蛋，

在缸子里搅和着吃!

后来,是乒乓球国手容国团在此居住。从没见过有汽车来接送这位长得非常帅的世界冠军,倒是偶尔能见到他的妻子穿着颇为少见的橘红色的确良上衣,高个子、白皮肤、挺丰腴,站在胡同口等着。每逢他们夫妇从胡同里走过,没有出现过追踪、围观的人。

再后来,就成为捷克斯洛伐克驻京海运办事处,门外加了警察站岗。10号楼直到2000年左右还在,但胡同里的那排大树全没了。

四、我们的日子我们的家

五六十年代,生活普遍不富裕,民风也淳朴。干部家庭与平民家庭的差距不太大。我母亲工作单位在地安门后门桥附近,每天要走着往返十四五里路去上班。6号楼里住的广东籍的延安时期老干部郑局长夫妇,大多时候也是来回步行十多里路,去位于沙滩大街以东的八机部。偶见有小汽车来接送时,也是带上别的干部。又比如,住在北长街前宅胡同的同学的妈妈,为照顾好孩子们的午饭,好长一段时间都是走着到西单以西的水产部,这也是十多里的路程,要说,这可是位有着革命资历的机关干部、局长夫人!还有住在西华门以南、路西大绿门里的瞿秋白夫人杨之华女士,也是常能见到她步行到全国妇联去上班。

那时,织女桥东河沿胡同里更多的是平房住户。我家就分别租住过7号与4号平房,老租户与房东的关系都还不错。记得住7号院平顶南房,下雨漏水,屋里接着四五个盆,外面下大雨,屋里滴滴答答下小雨的情景。天晴了,自己动手修补。奶奶找来沥青块,让我在火炉里拿出烧红的铁通条,登梯子递给她,她用来融化沥青,

家的味道

补房顶的漏地儿。

　　7号的院墙长年坍塌一半，是全胡同最残破的一处。租住南房的我们一家，几个孩子每晚盼望父亲下班，抬起自行车前把，转动车轮，显示磨电灯随车轮转速的快、慢，由亮变暗到灭的过程，引发我们的好奇和求知欲；之后，又期望获得他偶尔能从上衣兜掏出个"糖耳朵"，每人给掰一口吃的欢喜！后来，爷爷独居这间没电灯的屋，我和姐姐晚上去时，就在墙上拴了根浸了煤油的纸绳，点燃取亮儿。当见到爷爷用破筐压在脚底下的破被上御寒睡觉时，心里不好受又没办法！夏天热，屋窄，我们常露宿在院子或胡同里的院门口，躺在破木条钉起的长方形大排子上，奶奶扇扇驱蚊，我们仰望夜空，指认牛郎、织女、北斗七星的场面，那是一幅现实版的丰子凯画作。

每逢五一、十一节日，孩子们纷纷拿着向日葵的长秆，去树上够放礼花掉下来的降落伞，那可是这条胡同独有的热闹景象：一阵璀璨的礼花过后，天空便出现一串串由彩色小降落伞吊着的礼花壳，这些随风飘落下的小降落伞，多数落在这条胡同的一些大树枝上，大人、孩子们就随风向而追，有一次追进院子里，把火炉上的水壶都撞翻了！记得在10号门口我们还捡到过掉下来的大气球和长幅红布标语！

胡同里大概有两三户人家，利用节日人多，烧茶水到南长街出口以东、长安街的北便道边上去卖，二分钱一碗，听母亲讲，三天能挣三四十元，对生活可起了大作用。那时年龄虽小，但也是卖力气地去推着小车送水、放板凳、摆摊；我们还常去胡同南口的南花园，因那里是中山公园与人民大会堂倾倒燃煤炉灰的地儿，拿着用粗铁丝做的笊篱和破筛子去捡煤核儿，补贴家用。

胡同靠中山公园红墙一侧是一溜儿大槐树，另一侧是住户。小河、红墙、绿树、民居的布局，使得这条胡同生态和谐，空气清爽，整洁又静谧。

夏天，胡同里的男孩子们用旧车胎熬胶粘"知了"，雨后，用大扫帚捕打成群的低空萦绕的蜻蜓，之后把逮住的夹在手指缝间；女孩子们则拿着空墨水瓶，顺着胡同两侧的墙根去捡槐树虫，挖蛹。见到吊在半空中的槐树虫，就一边跺脚，一边喊"嘟！嘟！"虫子就会掉下来，装瓶回家去喂鸡；挖出紫色外壳的虫蛹，手捏着它，嘴里嘟囔"金刚、金刚转转，姆们、姆们看看！"虫蛹就会扭动头部，绕圈转悠，那叫一个逗人！把虫蛹的本能反应，附加了人、虫互动的乐趣！

夏日长街

冬天,西北风呼啸,风力和声响很大,风后胡同里会出现一地的干树枝,出去一趟就能捡回一大抱,在7号院东墙下奶奶垒起的大柴锅的灶里当柴烧,锅里熬粥,四边贴玉米面饼子的饭食,那可真是香得很!还记得一次,姐姐往灶里扔进个未燃的花炮头儿,一下子炸响,把在灶前烧柴火的爷爷,吓得摔了个后仰脖儿脚的大屁蹲儿!幸好没把柴锅炸裂!

胡同里靠公园墙处,常堆放着大堆的煤矸石,常能从中发现镶嵌着指甲盖大小、方形、酷似黄金,俗称"自然铜"的煤矸石。直到如今,受知识面所限,也没能搞清这是什么矿物质。

借助建筑脚手架用的材料,孩子们常爬上去翻墙进公园玩,这样能省下门票钱。墙至少有2米多高,女孩子怕摔坏崴了脚,就紧贴着墙跳,这样能加大摩擦力,下去的速度慢些。记得一次,我这样跳进去后，可能是戳了尾骨，姿势像蛤蟆样，贴墙站不起来了，好一会儿，才缓过劲儿站起来！墙里是只有1米多宽的土路，接着就是斜坡，再下面是通往金水桥的小河，墙外边的大孩子怕里面的掉河里，见跳进墙去一个，就喊一个名字，里面的怕被公园管理人员听见，只得小声儿应答。真叫默契！

暑期的每个周末，公园都举办"电影晚会"，即使隔着一堵墙，公园内的欢乐也一样感染并吸引着墙外的孩子们！园内举办活动播放的乐曲，同样在胡同里回响，喜洋洋、步步高、紫竹调、金蛇狂舞、春之声圆舞曲、多瑙河之波等太多的中外名曲的旋律，孩子们大都能哼唱！

如今，从这条胡同走出的孩子，有的已成为获得国家级奖项的影视导演，有的是进入国家顶级乐团的音乐人才，更多的则是分布在各领域辛勤劳作的普通一员，但大多都有着对音乐与艺术的爱好。

一个世纪的风云际会，如今没了树木的半截胡同仅存！那深

作者张世华近照

作者郑超英近照

藏于心底的亦古朴且乡土、亦市井又高贵的曾经的织女桥东河沿胡同，永远是我们心中最祥和、宜居的地方。

撰稿　张世华（主笔）　郑超英（协助）

母校

从北长街小学建校历史来看，该小学始建于民国二十五年（1936年），最早的名称叫"北平市教育会附属小学"。在此之前是北平市教育会办公之地，老舍先生曾在这里工作。以后先后改名为北平市第六区中心国民小学、北平市第五中心小学。1949年后分别为西单区第二中心小学、西城区北长街小学。1982年与南长街小学合并，统称为北长街小学。从建校到现在，先后易名达5次之多。

1960年我在北长街小学上学之后，曾有宋老师、张老师、费老师、陈洪斌先生、张其鹤先生为班主任。在这些老师中，印象最深的是三年级教我们的张老师。她当年40来岁，讲起话来和声细语，就像一位慈祥的母亲。有一天，张老师病了，我们十几个同学，冒着寒风，步行来到了位于王府井张老师的家，以表示慰问。在小学期间班主任虽然换了几任，但校长一直是杨庆兰女士。她是1927年8月参加过南昌起义的老革命，曾在周恩来领导下的中央秘书处工作。在校期间，我和同学们曾聆听过杨校长给同学们讲的革命传统教育课。

北长街小学东西宽约60米，南北长约90米，南北三进院落。学校的大门开在东围墙偏南一点的位置上。

大门北侧是传达室。看传达室的师傅姓信，同学们管他叫信大爷。信大爷住在万寿兴隆寺里，坊间传闻信大爷曾在宫里做事，为慈禧太后的贴身太监。遇到没电的时候，白净净、胖乎乎的信大爷一步三摇，摇晃着铜铃铛，在学校里转上一大圈。与传达室并排的是音乐教室。大门南侧的几间平房，为班主任教师和教务处老师办公用房。

走进校门，映入眼帘的是一排犹如一道绿色屏障的松柏树。松柏树西面有一座砖砌水泥敷面的滑梯，两条滑道向南八字叉开。滑梯旁有一个做腿部运动的脚踏滚筒。松柏树南面是一道东西走向琉璃瓦的影壁墙。

影壁的对面是昭显庙的山门。山门为三间"绿琉璃筒瓦歇山调大脊顶"建筑，屋檐下有块"敕建昭显庙"的匾额。由于山门与中院相通，山门的南侧与北侧各有一道石券门和两道石券窗，石券门和石券窗上刻有精美的纹饰。山门两侧各有一道琉璃八字影壁墙。两头稍向南折，然后向东西方向伸展。

顺着山门前向西走，贴着南墙有单杠、双杠等健身器械。过了厕所后有两大间屋顶上挂有洋瓦的教室。教室偏东一点有棵老桑树。养蚕宝宝的同学们会采摘些桑叶带回去。在教室的南侧与西侧均为昭显庙的院墙。在教室与南院墙之间有一条一米来宽的夹道，用于夏季排水。西侧的墙体上长满了青草，还有几株小树在缝隙中顽强地活着。由于时间久远的关系，部分墙体出现了裂痕。为了安全，校方多次提醒我们绕道而行。

在山门的两侧各有一道方形小门，同学们称它为"二门"。其

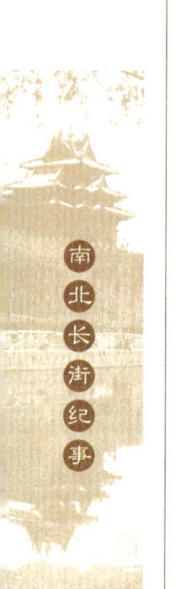

教育夹道里的小学生

中东边"二门"就在那排松柏树东面一点,是师生们进入中院和后院的主要通道。

中院的主要建筑是昭显庙的前殿和钟鼓楼。前殿面阔三间,"绿琉璃瓦歇山调大脊顶"建筑,其建筑风格与山门相似。只不过山门的装饰物更为讲究,在券门与窗户上方是大理石雕刻而成的建筑材料;而前殿的券门与窗户上方都是木质的建筑材料。按照道教庙宇的建造规律,前殿为灵官殿,是护法神的居所。

前殿南侧有一个水泥平台,距地面有半米多高,同学们戏称为"司令台"。水泥平台一般是校长、主任们讲话的地方,也是课间操体育老师、学生领操的地方。在大型活动中,同学们有幸在水泥平台上表演。记得在五年级的时候,为了声援非洲脱离殖民统治,学校组织一场内容为《椰林烽火》的朗诵会,我有幸和其他二十来名

北长街小学

同学登台演出。学校对此项活动极为重视，还外聘了一位擅长朗诵的专业教师给我们做辅导。

　　水泥平台南侧是一块长方形的操场。在这块操场上，我和同学们在体育老师的带领下，开展各种类型的体育活动。同时又是开学典礼等重大活动的场地。在这里，我戴上了红领巾，聆听过师长们的谆谆教诲，参加过类似于跳绳项目的比赛。而操场西侧的沙坑，不仅仅是我们跳高、跳远的竞技场，还是那些淘气的男同学们在课间玩耍的地方。文静的女同学则喜欢站在鼓楼前的石阶旁，一边看着男同学们在沙坑里撒欢儿，一边说着悄悄话。

　　昭显庙的钟、鼓楼分列前殿两侧，均为双层，每层的屋檐下都挂有一个铁铃铛。每当清风拂过，引来一阵又一阵"叮叮当当"的清脆铃声。东侧钟楼的南面还有一组"抱竿石"，方石中间横勒着一道锈迹斑斑的铁带。

鼓楼西侧有两间平房，为体育老师办公的地方。教体育的胡老师经常在这所房子里出出入入。胡老师既是小学的体育老师，还兼任北京市少年宫足球队的裁判。胡老师最标志性的配置是常年在胸前挂着一个铁皮哨子，而他吹出的急促响亮的哨音，至今我还印象清晰。

北院为昭显庙最重要的建筑群，由大殿、后殿、东西跨院等建筑组成。大殿高大雄伟，气度非凡。四角高檐飞翘，铁铃高挂，微风徐来，铃声悦耳悠扬。大殿东西两侧各有一处1米多高、半米宽的墙基。淘气的同学们在墙基上嬉戏打闹，很是开心。

在我上学的时候，大殿成为老师教研室。我曾当过小组长之类的"碎催儿"，经常拿着同学做完的课本交到班主任老师手里。每次走进大殿，经常会瞪着用好奇的眼光打量屋顶与房梁处那些美妙绝伦的彩绘。

大殿南面石阶中间雕刻着"二龙戏珠"纹饰的御路，两旁各有一株茂密的刺梅。初夏时节，一朵朵嫩黄的小玫瑰，爬满绿色带刺的枝头。淡淡的花香，引得无数辛勤的小蜜蜂不辞辛劳从远方飞来采蜜。而在雨后闷热的夏天，一群群淘气的同学们则会在花丛中蹑手蹑脚地捉蜻蜓。

大殿东侧稀稀拉拉地长着几株高大的洋槐。茂密的树枝、树叶把院子笼罩在浓郁的绿荫之下。有时，在稍稍停下来的读书声中，还能听到几声树上啄木鸟发出的"咚咚"的敲击声。初夏季节，树冠中挂满了一簇簇的白色小花，校院中充盈着槐花淡淡的芳香。

洋槐的东面是几间由东配殿改建的教室，六年级的时候，我在这里上过课。班主任张其鹤是个高个子男老师，瘦长脸上戴着副眼镜。

作者（左二）与同学回母校聚会

大殿西侧为操场，除承担必要的体育课外，这里还是同学们课间活动的场所。同学们无拘无束地在操场上跑来跑去，就像一只只挣脱了束缚的小鸟。操场西侧为由昭显庙西配殿改建而成的教室，间数与东配殿相同。由于东西配殿在昭显庙中不是主体建筑，所以屋顶上铺设的是陶制筒瓦。

大殿的北面是后殿，据史料记载，该殿"五间，歇山调大脊，黄琉璃瓦绿剪边，三彩单昂斗拱，和玺彩画；另有配殿若干"。

大殿与后殿由石质平台相连。平台东西两侧各是 5 级石阶，两旁的条石成为低年级学生们的小滑梯，以至条石上都出现道道沟痕。在平台东西两侧，各有一处水泥砌成的乒乓球案子，课间休息时，同学们排着队在这里挥上几拍。

在后殿东西两侧各有若干间房子，在史书上记载为"配殿"或

"罩房"。后殿东侧所谓的"配殿",实际是一处长方形的跨院,各有北房、东房、西房若干间。在北墙上有一道旁门与教育夹道相通。

5号院的东屋曾设有北长街小学校外活动站。辅导员姓尹,年龄在60岁上下,白皙的脸上戴着副眼镜,一脸的和气,同学们管她叫尹奶奶。尹奶奶院子里有棵花椒树,夏秋时节,从院子各个角落都能闻到一阵阵花椒的清香味。

后殿西侧的"配殿"则由一间平房和跨院组成。三年级的时候,我在这间平房里上过课。平房前一左一右各有一块蓖麻地。学校种蓖麻是为了支援国家经济建设,据说,蓖麻油是上好的工业用油。五年级的时候,为了给蓖麻上肥料,我和同学到西直门和德胜门外捡过马粪。那时候,德胜门箭楼外的环城铁路还没有拆除,冒着蒸汽的火车头慢慢地滑行在铁轨上。记得返程的时候走的是鼓楼西大街,然后绕了一个很大的圈子才走回了家。

母校一角

蓖麻地旁边有为数不多的健身器材。课间时，同学们在秋千上荡来荡去，俨然花海中翩然起舞的蝴蝶。

西跨院有北房两间，为教职员工宿舍。五年级的时候，还是单身的陈老师就住在这里。房前是长方形的小院子，贴着西墙还有一株老榆树。由于树冠高大，站在我家的院子里抬眼望去，就能看见这棵老榆树的葱郁。

1968年春节之后，我们大多数同学分配到了"女一中"和"男六中"，参加"复课闹革命"。1969年7月，我们又赶上上山下乡，于是纷纷离开京城。这一离别竟然是50余年。等到几个小学同学再想见面的时候，都已经是双鬓斑白的花甲之人。

渌水

再进校园，现在的北长街小学和我印象中的景象有着天壤之别，就连那威严肃穆的"雷公殿"似乎也变得如此的渺小。唯有那三棵老洋槐和"雷公殿"前的香炉基座，尚能唤起一些散碎的记忆。

在婆娑的树影中，我在校园里走了一圈，寻找着儿时的梦。我想到了曾经在这里6年的时光，想到了那些可亲可爱的班主任老师，想到了当年那些单纯幼稚的同学——还有对母校那段挥之不去的情感。

作者：渌水

那时北长街

北长街南北走向，全长 808 米。东侧与故宫的筒子河相邻，西侧与中南海为邻，北侧与景山前街相连，南侧与西华门大街、南长街贯通，为景山前街通向西长安街的重要通道，也是距离皇城最近的街巷。由于特殊的地理位置，清时的北长街是国家管理机构及皇家寺院集中之地。中华人民共和国成立后，北长街成为京城百姓的居住地，灰白色的主基调平房院落与金碧辉煌的红墙绿瓦相互辉映，在古朴气息中不时有簇新的现代建筑浮现眼前。唯一不变的是槐荫还是那样的浓密，槐香还是那样的亲切。

北长街北口是北京著名的旅游风景区，筒子河、故宫、北海公园、团城、北海大桥、景山公园、三座门、大玄高殿都在附近。景山公园是我常去的地方，它是北京少年宫所在地。我上的小学离景山很近，少先队活动基本都在这里进行。北海大桥则是我和小伙伴们夏天晚上乘凉的最佳之地。三座门和大高玄殿主要是看电影，那里设有军人俱乐部，每周日有电影专场。

北长街南口与南长街北口，是西华门大街。北长街南口西南侧为北京女一中员工宿舍。东南侧为西华门菜蔬商店（门牌为北长街

旅游车穿过北长街

北长街小店

92号）。马路对过曾是西城区图书馆（西华门大街4号），中华人民共和国成立前为西华门筒子河小学。西华门大街37号院曾是西长安街派出所办公地。1960年我落户北京时，母亲带着我办理相关手续。西长安街派出所旁边有个巷子叫水轮子胡同。

北长街还有许多名胜古迹。福佑寺又称云神庙，为班禅活佛驻京办事处。北长街35、37、39号和后宅胡同5号院是万寿兴隆寺旧址所在地，是皇宫中太监养老修行的地方。连我上小学的地方也是个庙，叫昭显寺，俗称"雷神庙"，是皇家祭祀雷神的道场。雷神庙南侧为乔道士庙。中华人民共和国成立后，这些宗教场所除福佑寺外，均改为百姓居住的院落。目前，除乔道士庙保留山门以外，其他寺庙旧址均列为文物保护单位。

北长街是居民区的街道，当年商业网点不多，约10来家，主要分布在街的南北两端。经营面积较大的是北长街副食店，在北长街北口路东。副食店后院是北长街粮店。副食店经营品种齐全，都与百姓生活相关，我每周都要去上几次。北长街副食店稍北一点是北海食堂，经营早点和正餐。倚在窗户旁可以看见筒子河和故宫高墙与角楼。北长街51号是个营业面积很小的副食店，经营油盐酱醋、糖果、鸡蛋、散酒等商品，容器口挂着一个个竹制的量具。北长街64号曾是个仅有三把椅子的小理发店，门外窗户框边装有转灯。道义巷南侧有个中药铺，经营中成药兼收药材。北长街西小巷口有个不大的食品店，主要经营冷饮、糕点、糖果、干果，到了冬天门前摆上炉子，蘸糖葫芦。

1960年的时候，北长街马路两侧胡同有关家胡同、兴隆胡同、庆丰胡同、后宅胡同、前宅胡同、教育夹道、道义巷、会计司胡同、北长街西小巷、福佑寺夹道等10条胡同。因受筒子河、中南海围

北长街街景

后宅胡同

墙限制,这些胡同多数属于短巷,门牌不多,被称为"死胡同",唯有后宅胡同和会计司胡同之间夹着中南海夹道,被称为"活胡同"。1965年关家胡同、兴隆胡同、庆丰胡同并入北长街,北长街的胡同变成7条。20世纪80年代中期,随着北京市旧城改造的不断深入,北长街也大兴土木,胡同递减。截至2011年8月,北长街尚存后宅胡同、前宅胡同、教育夹道和北长街西小巷。会计司胡同仅留下21号院门,其他胡同均消失得无影无踪,变成了历史的一段记忆。

后宅胡同位于北长街中部偏北,马路西侧。胡同呈现"丁"字形状,现存8个院门,住有百余户人家。胡同形成于清代,因胡同内住有大户人家,为了便于识别,把院子朝南的方位叫"前宅",院子朝北的方位叫"后宅"。1911年,把"前宅"和"后宅"分成前宅胡同和后宅胡同。前宅胡同略短,长度在60米,还是个"死胡同"。后宅胡同则显然长了许多,不包括中南海夹道,长度有80米。历史上后宅胡同包括中南海夹道。中南海夹道在9号院西侧分成南北两段。南段通向会计司胡同,北段通向北长街北口。

我居住的8号院坐东朝西，在后宅胡同的尽头处。出了院门，迎面是高高的"海墙"，"海墙"里面是中南海。1965年"海墙"拆除重建，才知道墙内是完善殿旧址，为中南海幼儿园所在地。8号院外来往行人较少，"海墙"边也成为街坊们休息纳凉的

张亚群

首选之地，白天则成为孩子们游玩的乐园。

后宅胡同南侧的教育夹道5号院曾设有校外活动站。辅导员姓尹，同学们叫她尹奶奶。我们在校外活动站看书、玩克朗棋、做游戏。尹奶奶院子里有棵花椒树，夏秋时节从院子各个角落都能闻到花椒的清香味。

特殊的地理位置，我养成了喜欢筒子河、喜欢串胡同的嗜好。我喜欢在刺梅、木槿花的清香中，沿着筒子河一路前行，上景山、上午门、到天安门、逛王府井……我喜欢看着清澈的河水，望着耸立的高墙，憧憬着美好的未来。金碧辉煌的故宫角楼在阳光下散发出耀眼的光环。筒子河边也是我学习思考的地方，花丛挡住了过往车辆的噪音，闲适中带着几分静谧。我重温昨日的课文，解析数学上的难题，每天都有不同的收获。

作者：张亚群

南长街至织女桥原貌

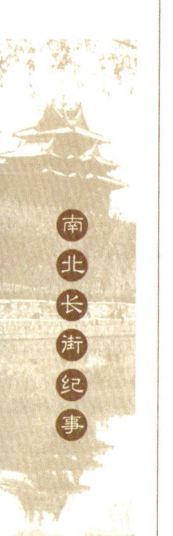

南长街的初始形成,要追溯到明代,据道光、咸丰以来的朝野杂记中记载:故宫的西华门外,只有往北至北海南门金鳌玉𬟽桥的一段街,称为北长街。西华门外以南只有南府乐部和杂役人员居住,并无路可通,皇城南墙天安门东西两端亦没有出口,只是到了民国三四年,开辟新街后,才开始能通达天安门两侧的东西长安门之路,即现在的长安街。随之,在皇墙被开后的街口,修建起了一座高大的拱门,就是如今的这座南长街南口的大拱门。

这座具有传统建筑风格与皇城红墙相连接的大拱门,自民国初期建立以来,百余年中,历经各类车、马货物运输和行人的往来,无碍而完好!不得不由衷地赞叹和佩服中华民族老辈人的智慧与能力。

20世纪50年代中后期被拆除的织女桥,原位于南长街南口以北约500米处。据史料记载,此桥始建于明代,1918年6月改建,为单孔石拱桥,桥长17.2米,桥宽17.6米,南北走向,汉白玉雕花栏杆,桥面由花岗岩条石合缝拼接。此桥一直存在,并使用到20世纪50年代中后期。其自中南海流经南长街,再入中山公园的一条小河，成为贯通南北长街的必经之地。

我家是在20世纪70年代初，从位于南长街路东的织女桥东河沿胡同被拆迁搬走的，对于出生、成长直到参加工作后才搬离这里的人，对旧址原貌，总有一份挥之不去的记忆与念想在心。

一、细数原貌旧址

南长街东、西两侧，原来的居民住宅分别与中山公园和中南海毗邻。

先从西侧说起，马路边距中南海东墙的横向距离，宽处约几百米，窄处也达百米，这里原有几条东西南北交叉走向的胡同，如大宴乐胡同、后铁门胡同、土地庙、西大街等。

60年代初，一进南长街南口西边第一个门是刚果（布）使馆。那时，刚果分为刚果（布）和刚果（利）。使馆院墙的东北角上面装有介绍刚果国家的图片宣传栏。在此处墙上曾发生过警方查反动标语的事，此胡同有个苏姓人家，几个孩子取名是与当时被称为"社会主义阵营"的几

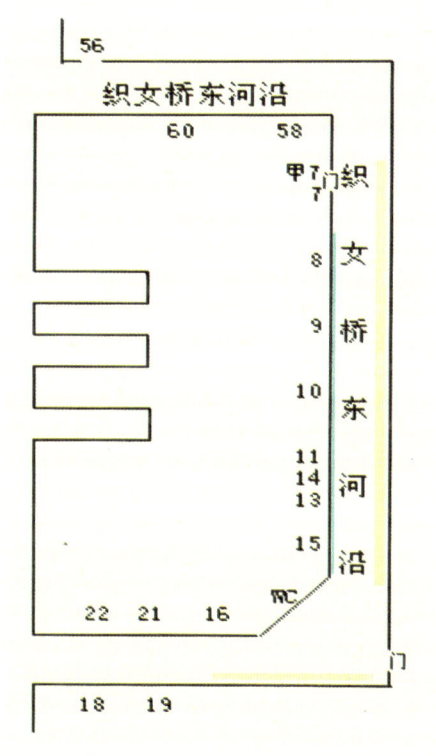

作者手绘的织女桥东河沿地图

个国家简称相连,如:中、朝、捷等。邻居孩子淘气,把"打倒"两字与这家孩子的名字连在一起,写在了墙上,结果惹了麻烦,公安部门查清后也就没事了。据有关资料记载,这里最初是章士钊的私宅。

使馆东墙往北十来米,就是一条往西的大宴乐胡同。站在胡同口就能望见近百米距离的第六中学的校门。再往北就是有数家门牌的居民院、南行的5路汽车站;马逵轩正骨诊所、修自行车铺、红门的大院、并列的两个汽车库大门、隔三个门牌后是大宴乐胡同收窄的北出口,接着是回民卖蒸米糕的,卖早点的回民炸油饼店,这里中午还卖炸鱼等炸货,长年的烟熏火燎,那里的墙壁总是黑乎乎的,记得有人曾买回过操作的师傅误把抹布裹上面糊当了炸鱼卖的事。

紧挨着是高台阶的商店,60年代困难时期,老早就在这里排长队等着买豆腐,挤着没买着还把钱丢了的事还有记忆。接着是西大街胡同口。往北就是叫"零售公司"的一家不大的商店,凭本供应油盐酱醋鸡蛋等。虽然居住在商店以南的全部和以北的部分人家都仅靠着这一家供应日常必需,但什么时候去那儿,都没有看到更多的人在买东西。油盐酱醋都是零着买,要买鸡蛋,可放在底下装有灯泡,上面有凹孔的盒子上,售货员一拨开关,灯亮后,由光照着检出坏了的鸡蛋,再换上新鲜的。现在看来,是多么仔细认真且慢节奏的售卖方式!

商店北侧是煤铺,接着就到了织女桥的南岸。

以下对南长街至织女桥西侧内的胡同做大致介绍。西侧共有三个胡同口。

从南数第一个口就是正对第六中学的大宴乐胡同。这条先是东

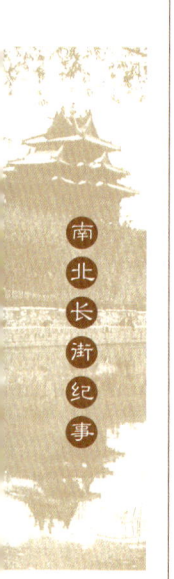

西向的胡同到六中校门后北拐，呈 L 形。在此胡同的西北端，有个挂着白底、黑字"整形……"牌子的门。该胡同的东北角有着两个车库大门，架有电网高墙的大门，据说是谭甫仁的宅子。

第二个胡同口是大宴乐胡同的北出口。从这里一直往西约几百米的尽头是一个面积挺大的煤铺，与中南海仅一墙之隔，从这儿能看到那边高大房屋彩绘的屋脊的一侧和翘檐。煤铺内是韩姓女同学的家，虽处于煤灰的环境中，但她家里归置得出奇的利落：低矮的斜顶木的檩条、顶板、床板、桌子、长条凳子等，都是光秃秃的木头的本色裸露，屋里不见任何杂物，只有卷在墙边的铺盖，才露出了居住的迹象。这种家的模样，给我印象很深！

从煤铺门口往北是土地庙胡同。但哪个大门是土地庙的原址，到我们那个年代时，就已找不出明显的痕迹了。胡同西边有一个大院子，房屋很规整，这里住着给某位著名歌唱家拉二胡伴奏，也曾是她前夫的人。

隔过此院，成为岔路，左边小胡同拐至小河的木桥处。右往东拐，北面的大红门里听说住着与《红岩》小说里的"刘思扬"有关的人家。

第三个胡同口是西大街。进西大街北侧是粮店，几个装各类米、面的大木箱，在顾客一侧有几个被磨得发亮的大铁皮漏斗，买粮食时把口袋撑在漏斗底下接着，等售货员把称好的粮食，用带提梁的大铁簸箕倾倒里面就行了。这是那个时期普遍的售粮方式。记得十年大庆的国庆节那天，粮店还开门，我站在台阶上往天安门方向的上空看，能见到飞机受检阅轰隆隆地飞过。旁边的大人们交谈说，苏联领导人伏洛西洛夫当天也在天安门城楼上。

往西南一侧是肉铺，掌柜的是山东人，胖胖的脸上一双大眼睛，

织女桥东河沿

南长街上的小饭店

总是笑呵呵地把"您买什么肉？"说成："您买什么油儿？"

胡同再往里走，就是南长街小学。这所学校，过去是私立的立容小学。学校里面灰砖教室，院落整洁、紧凑，后面有个操场，北墙外即是织女桥那条小河。

小河的北岸叫小桥北河沿。临街口是一年四季都卖煮白薯的赵师傅摆摊的地方，其女儿与我同学，儿子还考上了男四中。我对他家每晚收摊大铁锅里都留有煮白薯凝结的糖稀垂涎欲滴！常想：若我爸爸是干这个的就好了，能天天吃到这犹如蜜糖般的好东西。

小桥北河沿第一家门牌是同仁堂乐家家属的住宅院（老邻居称她为钱婆子）。"文革"开始，女主人就摸电门自杀了。她把金条藏在墙缝里，抄家的红卫兵取出来后，曾放在去看热闹的我手心里试了一下。哇！也就是不及十三四岁瘦小女孩儿的小拇指这么大的一小块，怎么能叫金条呢？！颠覆了脑子里对金条的想象。但是别看这般小的体积，却压得手心里好沉！

2号院是总紧闭着的红漆大门，门上水泥筑成的西洋建筑图形，与圆明园大水法的装饰曲线风格一致，内情不明。往西是苦水井、甜水井胡同。再往西的3号院是很规整的四合院，小学同学有2位住此院。从这院到中南海东墙中间还有两三户。紧挨着中南海大墙的院子，后来是个手工编织尼龙网兜的街道生产小组所在地。

如今的南长街从南至北，路西的绝大部分都已被灰墙围起，成为国家用地。织女桥的所在位置，就是现在由军人持枪站岗的大门处。即是桥的西侧栏杆；里面那条通向中南海的路，就是已成为地下暗河的、被填埋的河道。桥的东侧栏杆就是现在的东马路沿处。

南长街进口路东有两间镶有绿漆、木制镂空花的木廊沿和几个方形支柱的房子，这与南池子进口路西的样子相同，也是这样的两间房,看来是建南长街与南池子这两座拱门时,总体一个相对的设计安排。近年都已被拆除。

走过带廊的房子就是织女桥东河沿胡同的南出口。老人们称这里为南花园。往东,坐南朝北紧贴红墙有一家高台阶的居民院。

沿马路往北是一凹进的长条地带,有织女桥东河沿14号的后门(现已改建为高级的灰墙平房)。

接着是现在标有"中国烟草"商店的地方,过去没有这个店面。

往北隔过两个凹进去的有数家门牌的不通的胡同后,就是至今还保持原样的灰砖齐整的原南长街小学分部。我曾在这里上过课,院内的房屋与西大街里的小学本部风格一样。记得三年困难时期,老师常叫住中南海里的同学给她买外面见不到的食品,一早上就先布置自习,然后她埋头在讲台里吃,饭味弥散到满教室。

学校往北挨着的是送水的一家。这里有一口手压机井。每天,总能见到一位穿得很干净的师傅推着从井里压上来的水,装满一辆大长椭圆形木桶的水车,然后给胡同里没有自来水的人家去送水,每月大概交2元钱的水费。我常好奇地看着师傅从水车尾部拔下大木塞,水就一下子冲进大木桶,待桶里水满了,又麻利地把木塞一堵,旁边不落一点水滴!真叫收放自如。

南北长街纪事

从有水井的这几间房子往北,有个宽敞的旧庙大院,叫真武庙。

据资料显示:真武庙是一座道观。乾隆十年(1754年),观里道士们用来腌咸菜的大"玉钵",被发现竟是元代流传下来的著名玉雕——渎山大玉海。乾隆立即命人用千金把玉钵买回来,将其安置在北海团城内的承光殿内。并在殿前修建了一座亭子,取名"玉瓮亭",此外,乾隆帝还为这件国宝亲笔写了三首诗,命人镌刻在玉瓮的腹壁上。直至今日,这些都展放在北海公园的团城内。

小时候到住在真武庙大院的同学家玩，看到院里正北的大房及东西厢房布局，都是老庙的样子，但却已成为多家居住的大杂院。

此院靠马路边对外开门，有一处公用电话。打一次电话3分钱，偶尔，还能听到这家人在胡同口喊接话人家的姓氏，传呼周围人家接电话一次是2分钱。从这里往东，是一块方形地，有3个门户，门牌上标着真武庙几号。其中的3号门与织女桥东河沿3号相通。

真武庙以南，有棵古老的大槐树。如今依然郁郁葱葱，已用护栏围起。这是最具亲切感的标志性地方。那时，四周的居民一年四季都得到这儿来排队，等候进菜，夏天抢着买茄子、黄瓜、西红柿等；冬天买白薯、买储存大白菜。物资匮乏，进菜量有限，没买到就没的吃了。为此，大槐树的树身没少被大家又挤又撞，静默的大树见证了这一段历史。

往北是卖酒和各种小零食的"门记小铺"。我们称呼掌柜的为"二爷爷"。他个头不高，待人谦和。至今，曾在这里花2分钱买到的汽水糖、挂落枣、酸枣面等的口感滋味我还记忆犹新。后来听说，70年代初搞的"一打三反"运动，说他贪污了90元钱，为此他自杀了，小铺也就没有了。

紧挨着的是每到晚上就亮着灯，几个人聚在一起爱好亮嗓子唱戏的一家。接着就是门口玻璃窗画着各种彩色鞋样的鞋铺。再就是理发店，该店北侧墙竖靠着一块上马石。我们看护弟、妹时，常把他们放在上面，以便背或抱时不必蹲下弯腰，站起来费劲。理发店北侧即是织女桥东河沿胡同的北出口，胡同往北即是小河流入中山公园西墙的水闸处。

二、南长街生活剪影

以下说说那个时期在此居住的老百姓的一些生活侧面。

五六十年代,胡同里常听到卖鸡头米、换大鸡子儿、推车卖菜、耍猴戏等各种各样的市井叫卖吆喝声。南长街里能聚拢商气、人气的地方,当属西大街进口和往北的老爷庙(后来的勤劳胡同)进口两处。老爷庙有卖5分一碗面茶、2分一碗杏仁茶的车子,炸油条等早点的摊位,每天去那里的人都是熙熙攘攘的。当时的人们消费能力有限,普遍节俭,与低廉的售价相对应,才形成了这样一种供求两旺的景象。

胡同中各家的妇女,多数没有工作。那时,街道有接收手工活的民间合作组织。如挑选手工活细的,发放在家里做绣戏装、龙袍的活儿,院里支起一个1米多长、半米宽的支架,上面紧绷着彩色的丝绸料子,织者侧着身子,用彩色丝线,按划好的线迹,上下出入针,绣出富丽的牡丹、飞龙、凤凰等斑斓、精美的图案。奶奶就曾干此活计,家中抽屉里好长时间都剩有一团彩色丝线,被我们玩得永远也择不开了。

有的人家领回针织料头,就是针织背心、裤衩的碎边角,拆成一团团的棉丝,给工厂擦拭机床、零件用。蓬松的棉丝上交时体积大了好几倍,得用大包袱皮儿才能包上。针织料头的颜色因被拆解成细丝,色彩由浓变淡,显得更加柔和、洁净,女孩子对其是爱不释手,我们常放在书包里一小块,在放学路上,边走边用手撸着拆线头。有的家剥云母,用薄的专用刀片,把咖啡色的云母块,剥离成薄如蝉翼的片,去做绝缘材料之用。这些活儿,发与收时,重量都得过称,不能少了分量。

今日南长街一瞥

南长街上的香烟专卖店

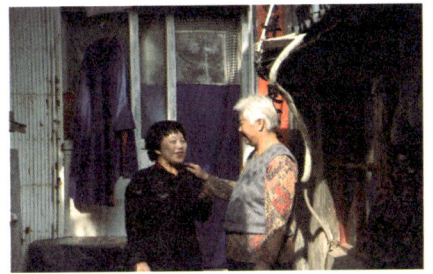
长街老街坊

温馨南长街

街坊

　　我们还给中山公园里的瑞珍厚饭馆加工剥豌豆，剥得大拇指又疼又热，肿胀得透出里面的肌肉模样，得了网状组织炎。端着装满剥好豆子的盆，到公园里交货、领钱后，便被那边音乐声所吸引，提着盆，跑到五色土社稷坛，爬上琉璃瓦矮墙，观看里面在玻璃地砖上旋转着跳交际舞的人们及在五色土台上演奏的乐队，观看和感受了外界的新鲜与不同。

　　手工活的种类还有糊药盒、火柴盒等。分散于各家的这些活计，使居民既有了一份收入，占据了生活的空闲，也充实了各家孩子们的课余和假期生活。如今想起，这些真是起到了培养孩子们勤劳、务实、节俭的品格以及认知社会分工的启蒙教育作用。

　　胡同里的老街坊们中有一种叫"请会"的，看似无形、实际存在的民间自发的资金互助组织。十几位家庭妇女，定期相聚，每月交五至八毛钱,集中起来,轮流使用。七八元钱,在当时是能办家里较大事情的。奶奶就和苦水井的老关家、土地庙的老朱家等几位妇女之间,有这个互助联谊性质的组织。家里添个炉子,到拍卖行买两把旧椅子的钱,都是从"请会"那里周转来的。参会之人,若遇急事,还可先用。人虽都大字不识,但口念心算,账目清楚。苦撑相伴走过来的这些老街坊们旧情难忘、亲如姐妹。1970年拆迁,我家搬到新地后,老朱家在总政文工团当演员的漂亮的大闺女还专程找来我家看望奶奶。

再后来,国家经济全面步入计划体制,胡同里再有骑自行车卖蒜辫子的人经过时,街道积极分子就会像捉特务似的,叫着"投机倒把的来了",去报告给派出所警察。直到"文革"时期,各种私营小贩基本就无处遁形了。

因先后在二十八中附小和北长街小学读书,南北长街居住着两个班的几十位小学同学。我能接触到众多同学的家长——家庭里的主妇们(男主人都去上班了)。以我当年一个小学生的视角能感受到那时人们的精神风貌。主妇中有老辅仁大学毕业的知识分子;有贫寒家庭,仅凭双手,有今天、没明天收入的平民家的妇女;有深具革命资历的女干部;有旧官宦、家境殷实的贵夫人等。但她们大都矜持、自尊,礼貌待人。

比如,老辅仁大学毕业的同学母亲,高挑而温雅,每当在她家的"学习小组"做完功课,都给我们几位同学买好中山公园门票,送我们去里面玩,而她则默默地给我们检查作业,见到我们的家长也从未提及过这些。家庭经济的差异,没有让我感到半点儿被嫌弃。

革命干部家庭的母亲,多是把重心放在工作上。去这样的同学家玩,感到的是宽松、随意!

家境殷实的贵夫人则多是形态低调，但内含着对凡俗的不屑一顾。与这种家庭的同学接触，觉得他们言行有规矩，家长不苟言笑。

平民家庭的奶奶每当捡、筛煤核儿回来，总是立刻烧盆热水，洗个净，换上竹布蓝的大襟上衣，把木梳沾上用木刨花浸泡的水，梳理起发髻，干净整洁地才再做其他事。对我们的要求是，"学就得学好，要不然，干吗去了？！"但放学回家后，就得"该干嘛、干嘛去，别拿看书说事儿！"了。

作者近照

每月底都能借给我家3元钱用来周转生活费缺口的李奶奶，有着不显山露水的贵气，总是没等家人开口，就低声细语地先说已预备好了。小心诚意地维护了家人的面子，这怎能不叫人在感激的同时心生敬意！

3号银行宿舍院的模样挺好的大婶，为挣份临时工钱，冬天一大早儿，就得去给六中的各教室生煤炉，她总是戴着白色围巾，穿着蓝色制服棉袄完工回来，真让人看不出她曾被烟熏火燎过。

总之，这些妇女们共同具备的，是那个时代推崇的妇女贤良的品貌：贤静、内敛、温良自守、不多言语，更不见争吵。她们之间不同的只是有的衣着讲究、烫发、粉面黛眉，更多的则是干净、整洁、盘辫子或齐耳短发、素颜。各自以不同的形态，表达着自尊与自重；信奉着"敬人者，人恒敬之"的道德古训，从而共享良好氛围。

在漫长的历史演进中，风土与文化会孕育出不尽相同的居民个性、价值取向与社会风貌。

　　岁月匆匆过,物变人亦非。如今,居住在这条街上的人家,愈来愈少了,路上多见的是去天安门、故宫等地旅游的外埠人。

　　今昔对比,深深感到:街景即是社会政治、经济的物化反映;风貌则更是地域精神文化的标签!

作者:实华

红墙边上岁月峥嵘

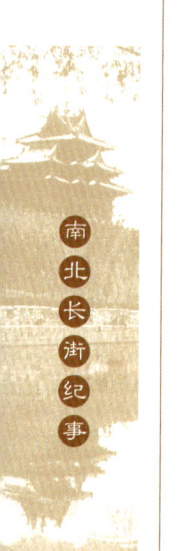

别看我一口京腔,其实我1946年出生于上海,是地道的上海人。

我父亲是上海有名的裁缝。1951年,在周总理批示下,一批高级裁缝离沪来京,专门从事高级服装的制作工作,我从此在北京成长了。

我是1980年搬到北长街居住的。这里真是住家的理想之地。路两边的大槐树能够相交,把马路整个给罩住了,夏天马路上到处是阴凉。路东大多是大宅门,房子也好,路西有不少的胡同,住的大多是平民百姓。我家入住的是路西的万寿兴隆寺。刚搬进去的时候,房间还是日式榻榻米装修。听说抗战时这里搬来很多日本人,我们那房子应该住过日本家庭。万寿兴隆寺最早是退休太监们出宫后养老的地方,后来太监渐渐没了,就成了普通民居。

住在南北长街上,北边出去是北海公园,这里的孩子是唱着《让我们荡起双桨》长大的,歌曲中的小船、白塔和四周环绕着的绿树红墙,是南北长街人最美好的回忆。

南边出去是长安街,现在时兴万步,我们锻炼,是沿着笔直宽

南北长街社区文艺活动

阔的长安街，或者绕着故宫边上的筒子河昂首阔步。全国人民向往的天安门广场，我们步行也就十多分钟，夏天闷热时，大人孩子经常到天安门广场乘凉，清风吹来，神清气爽。赶上国家盛典天安门附近放礼花时，其他地方北京人很早就要往天安门赶，这里住的人连院子都不用出，出了屋门就看得真真的，别提多滋润了。

我在长街过了几十年，对这里的感情非常深厚，退休后就成了街道工作积极分子。早期社区工作条件很差，没有办公室，居委会干部办公只能在自己家里。没有电话，开会都要挨家挨户通知，没有场地，举办文娱体育活动都很费劲。但我们还是克服困难，组织一群伙伴们在一起唱歌、跳舞、打腰鼓。

大家还记得2008年北京奥运会开幕式的太极拳表演吧？2008名太极拳表演者白衣飘飘，在天圆地方的太极拳方阵中，展示了"天人合一"的意境，受到了全世界的好评，我和南北长街的几位

参加奥运开幕式排练

南北长街果蔬站开张了

老伙伴，就在这个表演团队里。

2008年的经历值得用一生来记忆。当时每个社区都有居民积极报名，但大家都不是很懂太极拳。我们就派两名代表到街道办事处向专业老师学习，然后再回到社区教大家标准动作。参加者大部分都有工作，大家利用周末休息和下班时间，在炎炎夏日里苦练，真是做到了夏练三伏，再苦再累也没人放弃。我们先是社区小部分人练习，再到街道办事处，几个社区聚在一起练习，半年时间，月坛成为大家经常去的排练场所。最后终于在奥运会上进行表演了。大家穿上一袭白衣，你看我，我看你，心情那个激动啊。作为一个南北长街的居民，能在全世界的瞩目下表演中国的国粹太极拳，所有的辛苦劳累都值了。

皇城脚下、中南海旁，也有不便利的地方，最不方便的就是买菜了。我以前买把儿葱，都要去西单、府右街、和平门……一出去就得一上午。遇到腿脚不好的居民，买菜更是难上加难。现在，这个问题也解决啦！2017年夏天，我们在北长街82号有了自己的蔬菜水果直营店，菜站面积不大，但麻雀虽小五脏俱全，瓜果蔬菜肉类和各种副食品，应有尽有。买菜做饭，随时提个袋儿遛几步就到了。

生活在红墙边上是这里居民的幸福和骄傲。我们不仅能亲眼目睹很多国家大事的发生，有时本身也是国家政治文化活动的积极参与者。比如每次举行北京马拉松比赛，大家都去长安街做啦啦队，为

作者近照

奔跑的运动员加油助威；党和国家有重要活动时，大家都穿着专门配备的T恤，作为志愿者到长安街上值班。每年两会期间，也是我们非常忙碌的时候，大会堂9点开会，志愿者7点就要上岗，3月的天气依然寒冷，但大家在寒风里坚持着，每天最长可达八九个小时。不计报酬，默默无闻地坚守，深刻地感受到自己融入了这个国家的政治文化生活。

我想，全国很少有其他街道的居民，能有我们这样的机会和荣幸吧。

作者：姚金妹

北长街56号院

故宫的西华门正对着中南海的东门儿，西华门大街把故宫和中南海之间的一条南北走向的街道分成了南长街和北长街。北长街56号是个路东临街的院子，房少院子大，是我小时候随外公张奚若先生住过的地方。

20世纪50年代初，这院子的门牌号儿是蓝底白字的77号，后来改成了红底白字的56号。院子是由1949年以后一个四合院分隔改建而成的。在京城有各种"大院儿"，这座院子独门独户，只能算是个"小院儿"。

一、"小院儿"杂记

北长街56号院南墙是北长街54号的后墙，54号有座两层小楼，1946年是李宗仁在北平的行辕。20世纪50年代初把南墙的通道和窗户全部封死了。56号院儿没有南房只有南墙，院子的东墙紧靠西筒子河，也没有东厢房。

院子的大门开在院子的西南角儿，红色，临街朝西，面对北长

北长街56号

街。大门是传统的特别厚重的木门，两扇对开。一扇上有个开口，用来投递信件和书报。开口连着门里的一个木箱，有书报送来，邮递员可以把书报从门外塞进门里的木箱。大门的门槛也是一块厚重的木头，门槛可以从两头的石墩向上抬起抽出，这样就可以打开大门开进汽车。当然，一般没有重要人物来访，汽车也不用开进来。

进了大门就是前院，前院大门左手是门房，依次排下去是库房和卧室。房屋的外墙就在北长街上，所以这些房间都没有朝西的窗户。库房是后来形成的，原本那是住在同街的柳亚子先生的车库，车库门开在56号院和58号院之间的北长街上。柳先生去世后把他车库临街的门用砖封死，然后在56号院里朝东新开了个房门，这样柳家的车库变成了56号院儿的库房。

经过门房后向前可以一直走到西小院。西小院像是宅子的生活区，西房是厕所和厨房，还有三小间北房，这是孩子们住的房间。每年春天，西小院里总会有人种些丝瓜、扁豆、老倭瓜等藤蔓类的农作物。到了夏天，这些农作物会形成一个自然的凉棚，深秋收获了扁豆丝瓜之后，会有人来帮助做些腌咸菜和烟熏咸猪肉。西小院里还有个煤房，专门存放一年四季厨房大灶需要用的燃煤。那时院子里没有管道煤气、液化天然气，也没有暖气等现代化设施。冬天房间取暖主要靠大火炉子，平时做饭要在厨房的大灶上烧火，大灶里面排着循环水管，外接一个室内小锅炉，提供生活用热水。大灶的火除了做饭时要用以外，其他时间都是"封"着的。给大灶封火是个技术活儿，既要在大灶里保持着活火，不让火灭掉，又不能让火苗儿冒出来无意义地燃烧。灶膛内的火从来不灭，锅炉里就老有热水，不过麻烦之处就是一年四季都要在煤房里备着烟儿煤块儿。右手是司机房，向前是一条甬道，大块灰色地砖整齐铺就，相当宽，可以轻松地停放一辆小汽车。甬道两侧和院子里尽是花花草草，有美人蕉、芍药、牡丹、黄寿丹和毛桃等。到了春天，黄寿丹先开花，然后是粉色的毛桃花，从春天到秋天总有花开。夏天葡萄枝蔓和叶子形成天然的凉棚，是纳凉喝茶的好地方。

院子右边是个一米多高的平顶大土堆，土堆上有一棵枣树和一棵杏树。这两棵树虽然并不高大，结的果实也不多，但结出的果子味道却极好。小时候谁也不知道为什么在这个院子里会有个上面种花种树的大土堆，一直到"深挖洞广积粮"的年代，政府派来了几个工人经过仔细勘查才揭开谜底，原来土堆下面是个日伪时期留下来的防空洞。他们花了好几天工夫终于测定了防空洞的入口和出口，然后把出入口儿挖开了。恢复原貌的洞虽然没用来防空，但成了冬天储存大白菜、夏天纳凉和小孩儿们捉迷藏的地方。

甬道的尽头是主后院的院门，我们称之为二门儿。进了主后院，路的两侧各有一块绿色青苔地，上面植了一株海棠和四株丁香。主后院一般非常安静，小孩儿可以躺在青苔地上看书，老人可以站在树下站桩。海棠花开得很好看，时间也长，但果实不好吃，既小又涩。

二、书香充溢的主房和它的客人们

整个宅子的主房，是主后院里的一排大北房。主后院除了自己独立的院墙和院门，只有建在高台阶上的这排大北房，青砖灰瓦的中式大屋顶，正脊很高，正东正西，但房顶的东西两面没有斜坡，没有斗拱和飞檐，东西两面墙从挑高的正脊垂直向下。北房内全部是木地板，分割成相通的书房、客厅、带热水的卫生间和主卧室，从东向西排列。最有特色的就是安排在最东边的书房了。书房的东墙紧邻筒子河，有两扇很高的窗户。打开窗户就可以看到筒子河以及故宫西墙下的房子。夕阳西下时，透过窗子穿过水面看向故宫的景色让人印象深刻。水面上有低飞的家燕，黑翅黑背白胸，黄瓦在蓝天白云的背景下反射着落日的红光。

书房的南墙有一扇窗和一个房门，看出去是院子里的海棠树和丁香树，浓密的树叶基本上把强光都挡住了，所以一到下午屋内更显得静谧。屋内靠两面墙摆放了12个书架，每个书架有5层，其中10个是全封闭设计，每层有个玻璃门儿。书架上大多是外文精装书，大部分是20世纪一二十年购于纽约和伦敦的。除了洛克、卢梭、派恩以及众多叫不出作者和书名的书外，后来发现居然还有

福佑寺大门

马克思德文原版的《资本论》及其英文译本。这些书架大概有一人多高，顶上还整齐地码放了大约五十厘米高的中国线装书。线装书有些是单独一本一本的，大部分有外包装，由蓝布包着纸板再用象牙扣穿过扣眼装好，摞起来以后可以从侧面看到书名和每一册的编号。另两面墙边靠着几个落地的封闭式木质书柜，书柜外面镂刻着楷体字或篆体字，记得有《资治通鉴》《金石索》《三希堂法帖》和《二十四史》。二十四史中的每一部都装在一个小木盒子里，上面镂刻了"宋史""明史"之类的名称。因为朝代长短不一，史官不同，所以每一部史的长短也不一样，每个木盒子的大小也就不同。神奇的是这些大小不一、厚度一样的二十四部史书按一定规律码放在一起就可以组成一个大四方的书柜。书房里的家具和书一样也是中西合璧的，写字台和沙发西式，条案和官帽椅是硬木中式的。写字台上既有中式砚台，也有放着钢笔的笔筒儿。书房的四面墙都被书架和书柜占满了，没有字画，但是偶尔可以在地上的淡青色贯耳瓶里看到卷成卷儿的宣纸。

因为北房从屋沿儿收进去较多，所以在台阶上形成了一道长长的东西向的房廊。房廊前是主后院里左右对称的两大块青苔地。下雨天，在房廊上摆几张藤椅和茶几，是文人们谈天说地的地方。

1949年之后，这个院子接待过许多有名气的文人和知识分子。记忆中见过的至少有金岳霖、周培源、钱端升、邓以蛰、丁西林等等。金岳霖总戴着一副黑色的眼镜，身材高大，表情严肃。周培源和钱端升都戴金丝眼镜，看着像南方人，但周培源是尖下巴，身材也比钱端升高些，头发都梳得一丝不苟。我们小孩子并不知道他们是名人，只是听着父母尊称他们为金爸，周爸等，我们就跟着叫他们金爷爷、周爷爷。当然孩子们不会想到当时的周爷爷后来成了北大校长，而邓爷爷没有因为自己是北大教授和中国现代美学的奠基人之一出名，却在去世后因为儿子是两弹一星的功勋邓稼先变成了名人。

三、筒子河上滑冰车

对于当年我们小孩子来讲，来过的人有多大名气是不重要的，我们不知道他们有多大名气，也不知道名气为何物。重要的是院子足够大，又紧临筒子河，自然就给男孩子们提供了疯玩儿和淘气的机会。那时候没有电视、计算机、游戏机，但是那时各种玩法给我们带来的乐趣却一点儿也不少。

作者（前右）和金岳霖及家人在56号院

夏秋最喜欢粘蜻蜓、粘知了和斗蛐蛐儿。到了冬天，除了春节放鞭炮是一大乐趣外，打开东墙上的小门下到筒子河的冰面上滑冰车是最开心的事了。冰车一般是自己动手做。先要找到两块一寸见方、一尺多长的木条，把几块木板钉在平行的两块木条上做成车体，然后再在两块木条的底部固定好与木条等长的"豆条"，其实是绿豆粗细的粗铁丝，是冰车能够在冰面上滑动的关键。制作杵冰的冰钎子比较费力，一是通常找不到粗细合适、强度合适的钢条，二是手柄很难做成容易用力的形状或形式，三是要把冰钎子的尖端打尖，需要经过烧红、锤打、淬火等步骤。手艺高、材料足的小孩子家可以用从旧冰鞋上拆下来的冰刀，再用螺丝把冰刀拧在车体上做冰车儿，还可以在车架上装上板凳和靠背。当年这样的冰车儿就算是冰车儿里的极品了。记得有两年冬天玩冰车上瘾，我哥和我还在前院的空地上用水泼了个小冰场。那年代的游戏，也帮男孩子们提

作者（后）和家人在院里玩冰车

高了动手能力。

在20世纪60年代中后期的疯狂时代，这个院子大概因为受到了特殊关照而得到保护，没有受到红卫兵的冲击和打砸抢。即使如此，在那个年代里恐怕没有人能够摆脱政治形势的影响，这个院子还是见证了作为"四旧"的家谱被烧掉和作为"资修"产物的上百张古典音乐黑胶唱片被毁掉。

作者近照

等到我在院子里学会了骑自行车和打羽毛球，无忧无虑充满童趣的儿童年代也就结束了。1974年我们搬离了北长街56号院，那年我13岁。虽然我接着上的中学是北京市第六中学，就在南长街南口，没有远离西华门，但再也没机会回到56号院儿了。

作者：杨大昕

5 路车来了

对南北长街老居民来说，5 路车是一生的相伴和记忆。他们打记事起便坐 5 路公交，从小时活蹦乱跳坐到现在拄着拐杖，人老了甚至走了，5 路车却一直在街上来来回回，一副亘古不变的淡定从容。

就像南北长街的种种之最，5 路公交也有一最——北京最早的公共汽车。

1924 年底，北平有了第一条供城市居民乘用的公共交通线路，只不过是有轨电车，从内前门至西直门。十多年发展下来，市民和来此一游的游客越来越多，北平现有的电车、人力车已经捉襟见肘。1935 年，北平市政府从美国购买了 30 辆美国"道奇牌"客车，正式决定开办公共汽车。

最早筹备的线路共五条。因当时正是入秋时分，暑热渐退，枫叶欲红，香山、颐和园成为观光旅游的热门之选，但去往西北郊的交通却多有不便。为顺应百姓需求，市府决定，5 路公交先

最早的5路公交车"道奇牌"客车

于其他路线开通。

1935年8月22日8时许,5路车从东华门始发,经西单牌楼、西直门、白石桥、黄庄、海淀镇、燕京大学、万寿山、青龙桥、玉泉山,于10时30分左右到达香山脚下的静宜园,全程24.8公里——北京公交线路从此开张了!

当时的公共汽车可是新鲜玩意儿。乘客们坐在大鼻子道奇车里,只见车窗外的树木、电线杆子嗖嗖往后走,把路上的马车、洋车甩得远远的,心中自是畅快。不管是市区还是郊区,5路车途经之处,总有不少人驻足甚至追逐观看。5路车一时风光无限,成为北平一道流动的景观。

1937年"七七事变"后,北平的公共汽车全部停驶,到年底恢复运行。此后历经坎坷,时断时续,直到1949年10月26日,5路车重新投入运营,从前门出发,经天安门、中山公园、故宫西华门、北海、景山……到鼓楼。此后几十年里,起始站和路线虽多有调整,但名称始终没有改变,一直是"5路",一直行驶在南北长街上,穿梭于红墙碧瓦和岁月时光中。

大家都知道周恩来总理与百姓一起乘坐公交车的佳话,但很少有人清楚,1958年9月的那个晚上,周恩来总理踏上的正是5路公共汽车。在天桥售票时看到周恩来的售票员,受到总理慰问,遵守不得与闲人聊天纪律的司机却不能与总理说话。周恩来从座位上站起来,走到驾驶员身后,目视前方,陪着司机一路驶过南北长街。车到北海站,周恩来和司乘人员握手后走下了5路车,告别大家。这一晚却成为5路车队永远的记忆,60年后依然口口相传。

2004年初,5路车线路确定为德胜门至菜户营,现在起点延长至北土城公交场站,终点菜户营。

南北长街上的5路车

20世纪60年代5路车从前门始发

图书在版编目（CIP）数据

南北长街纪事 / 刘俊平主编. -- 北京 ：学苑出版社，2019.7

ISBN 978-7-5077-5735-4

Ⅰ．①南… Ⅱ．①刘… Ⅲ．①北京－地方史 Ⅳ．①K291

中国版本图书馆CIP数据核字(2019)第118732号

责任编辑：战葆红
出版发行：学苑出版社
社　　址：北京市丰台区南方庄2号院1号楼
邮政编码：100079
网　　址：www.book001.com
电子信箱：xueyuanpress@163.com
联系电话：010-67601101（营销部） 67603091（总编室）
经　　销：新华书店
印　刷　厂：河北赛文印刷有限公司
开本尺寸：710×1000　1/16
印　　张：15
字　　数：200千字
版　　次：2019年11月第1版
印　　次：2019年11月第1次印刷
定　　价：98.00元